# *Vendre la merde de Montcuq, en boîtes*

**Du même auteur***

Certaines œuvres sont connues sous différents titres.

## *Romans*

Le Roman de la Révolution Numérique
Ils ne sont pas intervenus (Peut-être un roman autobiographique)
La Faute à Souchon (Le roman du show-biz et de la sagesse)
Quand les familles sans toit sont entrées dans les maisons fermées
Liberté j'ignorais tant de Toi (Libertés d'avant l'an 2000)
Viré, viré, viré, même viré du Rmi !

## *Théâtre*

Neuf femmes et la star
Les secrets de maître Pierre, notaire de campagne
Ça magouille aux assurances
Chanteur, écrivain : même cirque
Deux sœurs et un contrôle fiscal
Amour, sud et chansons
Pourquoi est-il venu :
Aventures d'écrivains régionaux
Avant les élections présidentielles
Scènes de campagne, scènes du Quercy
Blaise Pascal serait webmaster
Trois femmes et un Amour
J'avais 25 ans
« Révélations » sur « les apparitions d'Astaffort » Brel / Cabrel

### *Théâtre pour troupes d'enfants*

La fille aux 200 doudous
Les filles en profitent
Révélations sur la disparition du père Noël
Le lion l'autruche et le renard,
Mertilou prépare l'été
Nous n'irons plus au restaurant

* extrait du catalogue, voir page 112

# Stéphane Ternoise

## *Vendre la merde de Montcuq, en boîtes*

Jean-Luc PETIT Editeur - collection **Notre vie**

# Stéphane Ternoise versant lotois :

# http://www.lotois.fr

## Tout simplement et logiquement !

Site officiel : http://www.ecrivain.pro

# Stéphane Ternoise

## *Vendre la merde de Montcuq, en boîtes*

On peut encore l'envisager, la littérature... à condition de contribuer à la valorisation du patrimoine des grandes fortunes, Gallimard (plus Bernard Arnault), Lagardère (plus Qatar), Esménard, de La Martinière... Comportement correct exigé : sourires et encensement de ces bienfaiteurs de la culture... ne pas aborder des sujets déplaisants... Qui parmi ces grandes âmes publierait Céline ?

Comme l'a proclamé madame Aurélie Filippetti, ministre de la Culture, en juin 2012 : « *C'est l'éditeur qui fait la littérature.* »

Entre les éditeurs et les 25 000 points de vente traditionnels, les malins ont su imposer leur maillon essentiel : la distribution, invisible aux béotiens, terriblement efficace (pour le cash et le contrôle des livres médiatisés). Barrière infranchissable pour l'écrivain libre. Le statut d'éditeur indépendant relève de l'usurpation de dénomination ou de la marginalité...

Bref, il convient d'agrémenter le catalogue de pitreries, puisque même la bibliothèque de Montcuq (10 ans d'utilisation de l'argent public), celles de Cahors, Figeac... comme la Bibliothèque Départementale de Prêt du Lot, ignorent mes six romans, pièces de théâtre (certaines traduites en anglais, allemand, espagnol), essais...

Naturellement, on peut comprendre que la *Dépêche du Midi* préfère ne pas contribuer à l'essor de ce travail. Il s'agit d'un quotidien tellement exigeant culturellement (patron Jean-Michel Baylet, également à la tête du Parti Radical de Gauche, PRG).

En 2014, aux municipales de Montcuq, au moins deux listes s'affronteront. J'ignore si le futur maire reprendra ce projet de vendre la merde municipale.

Quand j'avais proposé un salon du livre, monsieur Daniel Maury (du PRG) avait "poliment décliné l'offre." Il est mort.

Que de ressources en perspective, pour la municipalité lotoise comme pour l'éditeur reconverti ! Et nul doute que 80 % de ses 36 000 collègues relaieraient le projet.

La France a de la merde, est dans la merde (pourtant elle tient encore !), il lui faut bien des idées merdiques, face à une oligarchie ayant confisqué l'indépendance.

Ne pouvant vendre mes livres, j'accepte donc de proposer de la merde ; c'est également à monsieur Gérard Amigues, adjoint attelé à la Culture du Lot, que je dédie ce document... Sans oublier monsieur Martin Malvy, président du Conseil Régional, et "sa" réponse sur ma profession libérale d'auteur-éditeur...

Jack-Alain Léger (suicidé en 2013) a publié un livre au titre me revenant opportunément : "*On en est là*." Oui, on en est là, au pays de l'exception culturelle confisquée par l'industrie Kulturelle.

Ce document reprend le contenu du succulent "*Un livre de merde, de Montcuq*." Tout en s'intéressant à la Merde d'Artiste de Piero Manzoni.

*La littérature, il la faut de Paris, de préférence soumise à un groupe chapeauté par une grande fortune, ou de province mais dans les baronnies régionales... à Montcuq, faîtes-nous rire !*

Il faut donner "aux gens" ce qu'ils veulent ? Mettre le nez des bibliothécaires, journalistes, élus affectés à la culture, dans leurs dérives ?

Ou alors, non ? Cacher également cette "provocation lotoise", et continuer à subventionner des groupes dont les exigences de rentabilité passent par le contrôle des faiseurs d'opinions et des subventionneurs ?

Publier ce livre n'arrangera pas "tes affaires" ! Il vaut mieux se taire, fermer les yeux, et flatter, plaire aux installés qui nourrissent les artistes avec des miettes tout en se partageant le gros gâteau. Ecrire une ode à Aurélie F ? Ou à Malvy Martin, Amigues Gérard ?

Dans la France de l'exception culturelle, il n'y a pas de place pour un écrivain indépendant ! Juridiquement acceptée, la profession libérale auteur-éditeur subit un système façonné par les éditeurs, pour les éditeurs "traditionnels" (du SNE, Syndicat National prétendu de l'Edition).

La littérature, en fait... quasiment tout le monde s'en fout.

Quant aux dernières lectrices, aux derniers lecteurs, il s'avère quasi impossible de leur montrer les œuvres non lancées par l'oligarchie, "*le roman de la Révolution numérique*" par exemple... La "chaîne du livre", comme elle se nomme elle-même, vise à enchaîner l'ensemble de la filière. Lectrices et lecteurs doivent penser acheter par choix, même si les diverses marques appartiennent à des mastodontes tenus par des grandes fortunes de France... vénérables maisons où les chroniqueurs influents sont publiés... Tout s'achète !

Pourtant, dans toutes les bouches prétendues humaines, tolérantes, ouvertes, y'a le mot Culture.

La Culture est sacrée, pour les femmes et les hommes "de gauche" ! Si si, à condition naturellement qu'elle permette aux notables de maintenir leur mainmise "politico-culturelle."

Vive la Culture !
Vive les libraires, vive les éditeurs...

Tout se vend, quand le produit arbore un label connu, quand il figure sur les tables... De Loana (chez Pauvert, filiale de la maison Fayard, du groupe Hachette de Lagardère, également éditeur du Marquis de Sade et Françoise Sagan) à Nabilla (Éditions Privé des éditions Michel Lafon, également éditeur de Martin Malvy)

Tout se vend, quand les médias s'en mêlent. Même l'air de Montcuq, paraît-il !

Ainsi, comme tout homme étant mortel, Socrate étant un homme, Socrate fut mortel, "*un livre de merde, de Montcuq*" pourrait se vendre bien mieux que le "*roman de la Révolution Numérique.*"

Vive Montcuq, et vive la merde. On y est, d'ailleurs, dedans. Ce livre ne se limite pas à quelques photos locales montrant la diversité des déjections mais regroupe des analyses sur l'époque, principalement dans le domaine culturel (donc politique).

Stéphane Ternoise
http://www.lamerdedemontcuq.com

Le plus souvent, je m'intéresse à l'art. Comme ce vitrail, montrant une famille au travail, une œuvre réalisée par Dagrant pour l'église St-Hilaire de Montcuq.

# Stéphane Ternoise

# *Vendre la merde de Montcuq, en boîtes*

« *Vivre de sa plume est une entreprise monstrueuse de folie.* »
Balzac, lettre à l'étrangère (Mme Hanska), 1er juillet 1843.

« *J'aime l'idée qu'on peut faire de l'art sans moyens.* »
Aurélie Filippetti, décembre 2011.

### Vive l'oligarchie !

Vive nos adorables petits libraires indépendants, vive nos petits éditeurs indépendants...

Les libraires vendent principalement des produits Lagardère et ceux des éditeurs distribués par les mastodontes des grandes familles...

Vive les médias ! Dans le Lot naturellement *la Dépêche du Midi* de la famille Baylet dont Jean-Michel, président du PRG et du Conseil Général du Tarn-et-Garonne...

Naturellement les médias sont libres de blacklister qui ils veulent « *Si l'information n'est pas dans* La Dépêche*, elle n'existe pas, ce sont les avantages d'un monopole.* »
M. Jacques BRIAT, ancien député du Tarn-et-Garonne, battu en 2007 par Sylvia PINEL, candidate du PRG, alors fortement soutenue par *La Dépêche du Midi*.
Une recherche sur leur site Internet, témoigne l'absence d'occurrence "Stéphane Ternoise." Ma pièce de théâtre "*la fille aux 200 doudous*" est répertoriée une fois : "auteur anonyme" !
La Bibliothèque Départementale de Prêt du Lot, la bibliothèque intercommunale de Montcuq...
Depuis 2004 la BDP n'achètent plus les livres de Stéphane Ternoise. Mais Gérard Amigues, adjoint départemental à la

Culture, prétend ne pas comprendre mon dégoût et mes critiques de sa politique. La bibliothèque intercommunale de Montcuq, en dix ans d'existence, n'a acheté aucune de mes sorties... Montcuq, village culturel... avec son *Monopoly*.

Martin Malvy, président du Conseil Régional, semble ignorer l'existence de la profession libérale auteur-éditeur. Ou la classe dans le compte d'auteur ?

A part ça, tout va très bien, les subventionnés présentent des résultats approuvés par les actionnaires...

Pour tous ces gens, un livre de merde...

Six romans, vingt pièces de théâtre, des essais, des textes pour la chanson, de la photo.
Mais non je ne deviendrai pas correspondant de leur *Dépêche du midi*...

Actuellement, la merde, ici un mélange de paille et de déjections, se stocke à l'écart des fermes, en attendant d'être répandue dans les champs aux « bonnes périodes », quand le risque d'infiltration vers les nappes phréatiques est le moindre.

## L'édition en France, l'aveu de Philippe Sollers

Sur le site Internet des Inrocks, notée du 25 juillet 2013, une interview édifiante *"de l'éditeur Philippe Sollers."*
Un document sûrement également publié en papier.

*« Figure majeure du milieu littéraire français depuis plus d'un demi-siècle, Philippe Sollers est l'un des rares à avoir réussi l'équation périlleuse d'être à la fois écrivain et éditeur. »*

*« A la tête de la collection L'Infini chez Gallimard depuis vingt-quatre ans, et de sa revue éponyme, Philippe Sollers s'est imposé comme un découvreur d'auteurs (Cécile Guilbert, Régis Jauffret, Emmanuèle Bernheim, Catherine Cusset...) qui ont fait leur chemin depuis. Aussi exposé qu'amoureux de l'ombre et de sa poésie, Sollers, né en 1936, raconte aussi la revue Tel Quel, Barthes et Lacan, Bataille, tout en décrivant son parcours d'éditeur »*

L'interview débute par :
*« - Quand et pourquoi êtes-vous devenu éditeur ?*
Philippe Sollers : *Quand je me suis rendu compte, après avoir eu un très grand succès (avec Une curieuse solitude, 1958 – ndlr) très jeune, à 22 ans – ça me paraissait très suspect -, qu'il fallait infiltrer le système de la publication. Bien m'en a pris car je peux dire aujourd'hui que si je n'avais pas joué ce jeu, d'abord au Seuil puis chez Gallimard, je ne suis pas sûr que je serais encore publié. Donc je m'auto-édite. »*

C'est suffisant. Tout est dit. Merci Sollers !
Pourtant, il ne faut pas louper :
*« - Pourquoi continuez-vous à être éditeur ?*
*- Parce que cela me maintient dans un dialogue permanent avec d'autres auteurs et que cela m'intéresse beaucoup de voir comment la transmission de la littérature s'opère malgré tout. Je fais de l'édition pour aider des gens plus jeunes, car les plus intéressants ont entre 22 et 32 ans, après c'est pourri. Le seul miraculé du système, c'est Jean-Jacques Schuhl. »*

Il parle naturellement de son monde des édités : *« aider des gens plus jeunes, car les plus intéressants ont entre 22 et 32 ans, après c'est pourri. Le seul miraculé du système, c'est... »*
Il devrait plutôt en conclure que son système est pourri !

Ce ne fut pas le cas mais la conclusion atteindra néanmoins le même niveau d'intérêt que l'incipit :

*« - Que pensez-vous de la critique littéraire aujourd'hui ?*
*- Elle n'existe pratiquement plus, pas plus que la presse littéraire dans son ensemble. Moins il y a de littérature, moins il y a de critiques littéraires, et plus la tyrannie peut s'exercer. Et puis il y a l'incestuosité du milieu. C'est sociologique. En France, l'identité sociale domine tout. La lutte des classes reste une spécialité, aujourd'hui plus que jamais. Le système de publication des journalistes a été mis en place au début par Françoise Verny, chez Grasset, dans les années 70. C'était très simple : selon elle, si les journalistes écrivent des livres, les journalistes rendront compte des livres qu'écrivent leurs confrères, et ainsi de suite. Et la planche à billets était prête. »*

Et les bibliothécaires achèteront chez les libraires parce que naturellement y passent les seules œuvres dignes de figurer devant les yeux des lectrices et lecteurs ! Parce que naturellement s'y trouvent uniquement les livres de l'oligarchie.

Un mélange de paille et de déjections, ne conviendrait peut-être pas aux acheteurs. Il vous faudrait de la merde, rien que de la merde ? En boîtes transparentes ?

## Yann Moix, également né en 1968

Yann Moix est désormais sûrement arrivé là où il souhaitait... Un incontournable couronné par le prix Renaudot en 2013 (*Naissance*, chez Grasset, de chez Lagardère versant Hachette Livre).

Je l'ai découvert en 1996, dans "*écrire aujourd'hui*", une revue alors plutôt insignifiante. *«Yann Moix a 28 ans et a publié son premier roman :* Jubilation vers le ciel. *Diplômé de science politiques, il collabore à plusieurs revues dont* L'Express, Lire...*»* J'avais donc 28 ans, né quelques semaines avant cet écrivain alors observé avec un sourire signifiant sûrement "le pauvre" dans un sens péjoratif. Et j'avais souligné quelques phrases de son interview. Je pratiquais ainsi avant Internet !

*« J'ai un seul conseil à donner aux gens qui veulent publier : jamais par la poste. (...)»*

*« - Précisez-nous un peu votre stratégie de la kalachnikov.*

*- Pour moi, c'était simple. Si je voulais être publié, il fallait que je voie deux hommes : Sollers et Bernard-Henri Lévy. (...) Chez Grasset, j'ai demandé BHL (...) Alors j'y suis allé au culot : j'ai inventé une histoire de conférence à Sciences-Po sur l'historiographie du fascisme. Quelques temps plus tard, j'avais rendez-vous avec BHL au Flore. Les cinq premières minutes furent presque glaciales. Tout d'un coup BHL m'a dit "Bienvenue au club". Une sorte de complicité presque physique, une histoire de particules, que sais-je ? BHL et Jean-Paul Enthoven sont un binôme. Pour moi, ils sont deux grands frères. Les deux plus grands seigneurs que je connaisse sur la place de Paris. Et c'est tout sauf de la flatterie. »*

Ce fut Bernard-Henri Lévy le plus réceptif à sa drague, sa "stratégie kalachnikov", il publia donc, et publie toujours chez Grasset. Sollers, c'eût été Gallimard... "*Jubilations vers le ciel*" recevait peu après ma découverte de son auteur "*le prix Goncourt du premier roman*". Pour son roman suivant, 1997, "*Les cimetières sont des champs de fleurs*", publié chez Grasset de Lagardère versant Hachette, il avait reçu la bourse de la Fondation Hachette !... Fondation Hachette pour les auteurs Hachette, comme c'est naturel ! Introduit, rapidement récompensé, "naturellement" Yann Moix ne s'est pas contenté d'être écrivain. Que peut d'ailleurs signifier "être écrivain" pour ce jeune homme !

Dès 1994, il collaborait à la revue "*La Règle du jeu*" fondée en 1990 par... Bernard-Henri Lévy.

De 1998 à 2002, il signa dans les pages *Culture* de *Marianne*.

Depuis 2008, il tient le feuilleton du *Figaro littéraire*.

De janvier 2011 à juillet 2012, il réalisa une bande dessinée "satirique" hebdomadaire dans *Le Point*.

Et cerise sur le gâteau médiatique, il est chroniqueur de l'émission "*On va s'gêner*" animée par Laurent Ruquier sur Europe 1 (de Lagardère).

Yann Moix peut même arborer sa casquette de réalisateur, avec le succès "*Podium*" (quatre millions de spectateurs, nommé cinq fois aux César en 2005). Un film adapté d'un de ses romans...

Son deuxième film, "*Cinéman*", sorti en 2009, fut considéré comme un échec commercial.

C'est ainsi qu'on vend des livres, qu'on est récompensé par des prix littéraires. Je suis persuadé qu'il figure dans de nombreuses bibliothèques lotoises...

Sur la merde ainsi stockée à l'air libre, les « mouches à merde » (scatophage du fumier) pullulent, se reproduisent à cœur joie... Dès qu'il y a de la merde, quelqu'un en profite. Alors, pourquoi ne pas apporter aux citadins un peu de notre vie à la campagne ? Vous préféreriez la merde issue des femmes et des hommes de Montcuq ?

## La course aux Prix Littéraires…

Goncourt, Renaudot, Femina, Médicis, Interallié, Académie française…

L'auteur d'un premier roman peut même remporter la timbale Goncourt, Jonathan Littell, en 2006 et Alexis Jenni 2011, seront sûrement conviés à rappeler leur fantastique performance.

Jean-Marc Roberts est mort en 2013. Qui peut désormais se prévaloir de la plus grande influence en matière de prix ? Non, les membres des jurys sont indépendants ?

Je n'ai pas lu "*François-Marie*" de Jean-Marc Roberts, publié le 6 mai 2011 chez Gallimard (10 euros pour 96 pages).
Ce plaidoyer pour François-Marie Banier (durant le "*volet Banier*" de l'affaire Bettencourt), Jérôme Garcin l'a raconté dans "son" *Nouvel Obs*, du 28 avril 2011.
*« À 57 ans, le PDG des Editions Stock, auteur d'une vingtaine de romans, dont «Affaires étrangères», prix Renaudot 1979, membre influent de la société littéraire, avoue pour la première fois son goût pour les voyous, sa propension à s'encanailler, sa phobie de la respectabilité. Il aura fallu cet éloge d'un paria dont il jalouse la démesure, le panache, l'imagination, peut-être même les forfaits, pour qu'il montre son vrai visage. Un visage parfois grimaçant. Ici, par exemple, il ironise volontiers sur les femmes qu'il a épousées, dont il a divorcé ; il n'est pas très fier de la manière dont, chaque automne, il magouille pour que ses auteurs obtiennent des prix ; il juge d'ailleurs que le milieu littéraire s'aigrit et se momifie ; il malmène, une fois encore, ses propres livres, des « petits romans de saison », selon Banier ; il écrit soudain qu'il a appris à se « sucer seul » (!); bref, il ne s'aime décidément pas. »*

C'est ainsi que Jérôme Garcin a résumé l'éditeur d'Aurélie Filippetti, un patron d'une maison Lagardère, avec *« il n'est pas très fier de la manière dont, chaque automne, il magouille pour que ses auteurs obtiennent des prix; il juge d'ailleurs que le milieu littéraire s'aigrit et se momifie. »* Propos sans exigence de droit de réponse, et qui semblent plausibles. Pourtant Aurélie Filippetti peut blablater son grand cirque de la jeune femme devenue écrivain grâce à son éditeur...

Un chien est passé...

## Le critique littéraire en 2013

Mardi 13 août 2013, *France-Inter*, fin de matinée, "*le septante-cinq minutes*" où Charline Vanhoenacker et Alex Vizorek reçoivent Eric Naulleau, visiblement, selon eux, le critique littéraire le plus important du pays…

Intéressant, pour un écrivain ne regardant plus la télévision depuis 1993...

En conclusion d'un extrait d'une émission suisse qui observait la France, la présentatrice précise « *Laurent, attaché de presse indépendant... il a osé dire ce qui ne se dit pas toujours.* » C'était : « *Les journalistes à Paris sont devenus des marquis et des marquises. Le problème c'est que tant que les journalistes seront eux même des écrivains, le copinage il existera toujours.* »

Éric Naulleau enchaîne : « *à la télé y'a presque plus de critique, et que de la promo… y'a quelque chose à réformer… ce qu'on fait passer pour de la critique, c'est simplement un service promotionnel.* » Plus loin : « *c'est un milieu incestueux, vous allez avoir toutes les formes de copinage possible et c'est vraiment le règne du réseau, hors le réseau pas de salut. Vous avez des tas d'auteurs dont l'existence ne tient qu'à leur réseau.* »

Charline découvre l'édition (plus tard elle intronisera un nouvel éditeur, « *broché* ») : « *y'a des auteurs qui écrivent des livres, qui sont aussi jury dans les prix littéraires donc là c'est déjà peut-être un peu limite parce qu'on est quand même dans une maison d'édition et puis on doit en juger d'autres, qui ont aussi leur propre émission et qui ajoutent peut-être une chronique dans la presse alors là on arrive avec différentes casquettes...* »

Eric : « *je reçois dix livres en moyenne par jour... J'ai lu un livre qui va paraître à la rentrée, d'un critique multicarte et très talentueux, Arnaud Viviant, qui travaille avec moi... Il a une expression pour l'endroit où il stocke tous les services de presse, ça s'appelle "Le Couloir De La Mort"... ce sont des centaines de livres qui s'accumulent et humainement c'est pas possible d'en venir à bout... On se dit celui-là j'aimerais bien le lire et il va être enterré sous les envois du jour... La surproduction est un problème mais regardez ce qui va se passer, et je vous invite à le vérifier lors de la prochaine rentrée littéraire, il va y avoir 600 ou 700 livres j'ai pas le chiffre exact, y'en a disons 20-30 qui vont vraiment tirer leur épingle du jeu, il va y avoir une deuxième division qui va concerner 20-30 livres et la plupart des livres ne seront jamais recensés.* »

Et personne sur le plateau du 13 août 2013 pour intervenir d'un vibrant « le chiffre vient de tomber (*Livres Hebdo* du 27 juin 2013) : 555. » Étonnant !

Alex : - *Est-ce que le vrai métier, il est pas là, c'est d'aller sur les dix livres que vous recevez par jour trouver celui de l'auteur qu'on ne connaît pas et de dire "celui la est bien." Plutôt que de dire "le Nothomb de cette fois-ci, il est bof" ?*
Eric : - *Moi, j'essaye de faire les deux, c'est-à-dire, je vais chercher dans les coins parce que j'aime bien les littératures excentrées, excentriques mais ça m'est arrivé de traiter Nothomb ou des best-sellers parce que sinon y'a jamais de contre-parole critique, y'a jamais un mauvais article sur Nothomb, le plan promotionnel marche à plein donc faut que de temps en temps il y ait une contre-parole critique...*

Mais non, monsieur Naulleau, la contre-parole critique fait partie de la promo, et prend la place d'un article sur Ternoise !

Ni Éric Naulleau ni Arnaud Viviant, pas même Alain Beuve-Méry ou Jérôme Garcin, ne recevront, ne pourront marcher sur le livre en papier « *la révolution numérique...* » dans leur couloir de la mort. Peut-être, une version numérique leur sera envoyée. "Logiquement", dans ma position, espérer quelque chose de ces sommités serait insensé. Le contact direct écrivain / lectrices-lecteurs semble indispensable dans cette voie de l'indépendance, ma route depuis 1991… Finalement, j'ai tenu deux décennies sans compromission !

Un chien est passé… voici quelques jours…

## Des parlementaires au service des installés…

Un fatalisme malsain s'est installé chez les écrivains. Ils n'espèrent plus qu'essayer de profiter un peu du système, placer des mauvais livres en échange de services rendus, faire du fric, un minimum, ou un maximum. La loi 2012-287 du 1er mars 2012 est passée sans qu'ils se réveillent… Une loi équitable, fruit d'un accord entre les différents intervenants du monde de l'édition, d'un consensus politique... Mais dans le dos des auteurs des 500 000 à 700 000 livres concernés !

Pourquoi des livres ne sont plus disponibles en papier alors qu'ils furent édités ? Car les éditeurs ont préféré les détruire, les envoyer au pilon, plutôt que de respecter le contrat les obligeant à les maintenir disponibles. Ou n'ont pas réimprimé après leur épuisement... parce qu'ils ne croyaient pas à la rentabilité d'un nouveau tirage. Mais pour qu'un auteur récupère ses droits de publier en papier, il doit faire constater ce manquement au contrat, en suivant la procédure décrite à l'article L.132-17 du Code de la Propriété Intellectuelle. Tout auteur, ou tout ayant droit, est libre de mettre fin à cette indisponibilité, soit en priant l'éditeur qu'il remplisse son contrat en rendant de nouveau le livre disponible, soit en récupérant les droits d'édition.

Le Code de la Propriété Intellectuelle, en encadrant le contrat d'édition, a prévu qu'un éditeur, malgré un contrat le liant à l'auteur, pourrait un jour ne plus en assurer sa diffusion. Mais l'auteur doit prouver qu'il n'est plus disponible... et face à un éditeur de mauvaise foi, l'évidence reste à démontrer juridiquement... et l'éditeur n'appréciera pas forcément une telle démarche alors que l'auteur lui présentera son prochain roman... donc il préfère ne pas « se faire mal voir. »

Mais la loi concerne les droits numériques, qui appartenaient à l'auteur !

Numérisées avec le soutien de l'Etat, ces indispensables œuvres « indisponibles » du vingtième siècle seront utilisées par les éditeurs, et les auteurs pourront récupérer des miettes en adhérant à une SPRD, société de perception et de répartition des droits... Si un jour des miettes restent à redistribuer !

Naturellement, les auteurs concernés ont le droit de refuser... nous sommes en démocratie ! On ne confisque pas le travail intellectuel, chez nous ! Pour s'opposer il faut rapidement manifester son refus... Le contre la montre est déjà déclenché pour certains : le décret 2013-182 fut signé le 27 février 2013 par Jean-Marc Ayrault, Premier ministre, et Aurélie Filippetti, ministre de la culture.

Il existe "une première base" intitulée "Relire" http://relire.bnf.fr

Avec 60 000 titres sur un total estimé à 500 000. Sa constitution aurait déjà coûté 124999 euros, versés à *Electre*... Bonnes affaires pour certains… Peu importe l'argent public, l'essentiel semble bien d'offrir aux éditeurs ces droits. Ces 60 000 œuvres, dont l'éditeur abandonna l'exploitation en papier, témoignent de la qualité générale... Peu importe la qualité pourvu qu'on ait le fric ! Certains s'interrogent sur le pourquoi de ceux-là. Y aurait-il eu des souhaits discrètement émis par des éditeurs ? Y aurait-il eu d'autres manœuvres ?

En consultant cette base, de nombreuses personnalités apparaissent. Fabuleuse pêche ! Avec parmi les indisponibles 2013 : Frédéric Mitterrand ! Jean-Marc Ayrault, son petit livre de 71 pages, publié en 1995 chez *Siloë*, dans une collection "magistralement" intitulée "*De circonstance*." Il s'agit bien du même, le premier Ministre. Même si cette contribution ne figure même pas dans sa page wikipédia qui serait la bible du savoir !

Les liens de la Bnf fournissent : député-maire de Nantes (en 1990) né le 25 janvier 1950.

Il côtoie dans cette merveilleuse bibliothèque idéale d'éminents hommes passés à Matignon : Lionel Jospin (pourtant édité dans la même grande maison du groupe Lagardère qu'Aurélie F.), Alain Juppé, Édouard Balladur avec une abondante production. Quinze de ses ministres de 1986-1988 l'accompagnent dans cette peu glorieuse liste, ce qui n'est pas exceptionnel, le gouvernement précédent, socialiste, grimpe à dix-huit avec de grands écrivains tels Bernard Tapie, Bernard Kouchner ou Jean-Michel Baylet. Michel Rocard, Jacques Chirac, Pierre Mauroy, Raymond Barre (également prolixe préfacier), Pierre Messmer, Jacques Chaban-Delmas, Maurice Couve de Murville…

Il existe naturellement "des écrivains". Le 13 avril j'ai ainsi publié "*Alertez Jack-Alain Léger !*" Depuis la découverte de "*Ma vie (titre provisoire)*" où il y raconte ses déboires et son combat contre le milieu de l'édition, livre rose publié en 1997 chez "*Salvy*", petite maison bien nommée peu distribuée, Jack-Alain Léger est devenu "un personnage" de mes essais et romans. Après avoir connu Gallimard, Grasset, Laffont, Julliard, Mercure de France, Denoel, Stock, Christian Bourgois, Flammarion... il publie désormais dans une jeune et petite structure sans grande visibilité... Je notais « Alertez Jack-Alain Léger ! À 65 ans, je pense qu'il loupe la révolution numérique !

Attention, les éditeurs vont vous subtiliser vos droits numériques ! Oui, vous êtes dans la première liste "*Relire*", publiée le 21 mars 2013. Même les droits numériques de "Monsignore" ! Nul doute qu'ils réussiront à en faire du fric... et vous pourrez essayer de récupérer quelques miettes chez leur SOFIA... Vous avez six mois pour ne pas vous laisser "confisquer" vos droits... Comme bien d'autres... Mais vous, je tenais à vous écrire, à vous l'écrire...»

Le 17 juillet, via twitter, maître Pierrat m'informait du suicide de l'écrivain en lutte…

**Emmanuel Pierrat** EmmanuelPierrat                          17 Juil
@ternoise je sors du commissariat et irai a la morgue demain :
Jack-Alain Léger, dont j'étais le tuteur, s'est défenestré. Je le pleure.
Réduire                    ← Répondre   ⟲ Retweeté   ★ Favori   ••• Plus

**6**
RETWEETS

6 36 PM - 17 Juil. 13 · Détails

L'état va donc consacrer «*cinquante millions d'euros* » (chiffre de Bruno Racine, président de la Bibliothèque nationale de France) pour numériser 500 000 titres. Soit cent euros au titre. Très cher. Surtout après avoir lu "*La politique du livre face au défi du numérique*", rapport d'information au Sénat de M. Yann Gaillard, en février 2010 : « *selon le ministère de la culture et de la communication, le coût moyen de numérisation d'un livre dans le marché de masse de la BnF est de l'ordre de 50 euros.* » Ce doublement du coût moyen en quelques mois mériterait au moins des éclaircissements…

Pourquoi des écrivains ont accepté un système où l'auteur doit rapidement réaliser des démarches pour refuser d'être utilisé par la "chaîne de l'édition française", un système similaire à celui que souhaita instaurer Google, dénoncé, combattu, vilipendé, même en France par les éditeurs, les auteurs, les politiques, finalement stoppé par la justice américaine malgré un accord entre le géant de l'Internet et des représentants d'écrivains ?

Cette loi s'apparente à une "suite logique" d'un accord du 1<sup>er</sup> février 2011, entre le ministère de la culture, le Syndicat national de l'édition (SNE), la Société des gens de lettres (SGDL), la Bibliothèque nationale de France (BnF) et le Commissariat général à l'investissement. Officiellement les écrivains étaient donc représentés, par la SGDL. Oui, des notables censés les défendre ont accepté cette approche inédite du droit d'auteur ! Une nouvelle société de gestion de flux financiers, c'est toujours une chance pour celles et ceux dont l'ambition passe par la présence dans des organismes officiels. Des auteurs ont-ils privilégié leurs intérêts d'alliés des éditeurs ?

Aucun représentant réel des œuvres concernées ne fut invité à la table des négociations. Il est bien plus simple de prétendre ces auteurs "non identifiés" !

Les marchands parviennent toujours à s'entendre avec une oligarchie d'auteurs quand il s'agit de profiter de l'œuvre d'écrivains silencieux, dispersés, rétifs à toute syndicalisation, "non identifiés."

Vous n'êtes pas organisés, vous serez mangés !

Lionel Tardy remarqua à l'Assemblée : "*ce texte, que l'on sent écrit par les éditeurs, pour les éditeurs.*"

Non spécifiés dans un contrat, les droits numériques appartenaient aux auteurs, qui pouvaient les utiliser... désormais facilement... et avec bénéfices. Depuis l'arrivée d'Amazon, il semble donc qu'il y ait urgence à ne pas permettre aux écrivains "du système" de goûter à l'auto-édition !

Certains avaient essayé d'inventer une incertitude sur la propriété de ces droits, une manière de retenir les écrivains dans le papier, malgré l'article L. 131-3, sans ambiguïté : « *La transmission des droits de l'auteur est subordonnée à la condition que chacun des droits cédés fasse l'objet d'une mention distincte dans l'acte de cession et que le domaine d'exploitation des droits cédés soit délimité quant à son étendue et à sa destination, quant au lieu et quant à la durée.* »

Dans *le Monde* du 21 janvier 2011, Antoine Gallimard, précisait « *Les éditeurs intègrent au contrat d'édition une clause ou lui adjoignent un avenant portant sur les droits numériques. La grande majorité des auteurs confient ainsi les droits numériques de leur livre à leur éditeur. Plusieurs dizaines de milliers d'avenants ont été conclus, sans compter les contrats d'édition pour les nouveautés qui incluent depuis longtemps déjà des clauses sur les droits numériques. »*

Un vilain tour fait aux écrivains dans un consensus politique qui témoigne surtout du pouvoir exceptionnel exercé par le lobby des éditeurs dans un pays où l'exception culturelle semble surtout devoir profiter aux installés, où il n'est pas choquant qu'à peine 10% des revenus du travail d'un auteur lui revienne... Mais bon, ils l'ont bien mérité d'être roulés dans la farine ces écrivains alliés des éditeurs traditionnels ! Certains prennent la pose rebelle, s'agitent dans un petit syndicat qui voudrait… obtenir des entrées gratuites au salon du livre de Paris ! Non, je ne vais pas plaindre ces écrivains : puisqu'ils méprisent l'auto-édition, qu'ils ingurgitent jusqu'à la lie le breuvage des millionnaires !

Cette loi sommeillait dans les intentions depuis des années. Quand Hachette Livre et Google ont signé un protocole d'accord pour la numérisation, par Google, d'œuvres indisponibles du catalogue Hachette, Vianney de la Boulaye, directeur juridique de Hachette Livre, fut interrogé par Amélie Blocman pour LÉGIPRESSE n° 278 - décembre 2010.

Il y déclare : « ***la gestion collective obligatoire est un recours imparable, mais elle ne sera pas mise en place avant 2012-2013…*** »

Deux pages d'interview : « *en préambule, les deux parties* [Google et Hachette livre] *prennent acte des divergences ayant existé, pour les dépasser afin de donner un cadre légal à leur coopération. Elles soulignent l'importance de la protection du droit d'auteur. (...)*

*Le droit d'auteur est de plus en plus considéré comme un obstacle à la diffusion de contenus culturels… Il fallait donc faire quelque chose. Cet accord fait respecter le droit français et il importe de souligner que l'éditeur reprend le contrôle de ses droits. »*

Admirons « *l'éditeur reprend le contrôle de ses droits* » quand il s'agit d'œuvres pour lesquelles les droits appartiennent à l'auteur !

Amélie Blocman pose alors la question cruciale :

- *La numérisation et la commercialisation des ouvrages ne*

*pourront concerner que ceux dont Hachette détient les droits numériques. Êtes-vous à ce jour titulaire de ces droits ?*

Réponse de Vianney de la Boulaye :

*- Le contrôle des droits par Hachette de ses auteurs est primordial. Bien sûr se pose la question de la titularité des droits numériques par Hachette, qui est une condition pour pouvoir rentrer dans le cadre du protocole d'accord. Hachette va devoir revenir vers certains auteurs ponctuellement et réfléchit actuellement à comment "régulariser" au mieux. De même, dans certains contrats antérieurs à la loi de 1957, il n'y a pas de cession de droit. La gestion collective obligatoire est un recours imparable, mais elle ne sera pas mise en place avant 2012-2013... Cependant, la gestion collective volontaire des droits d'auteur peut être envisageable, c'est d'ailleurs une hypothèse étudiée.*

Naturellement, ce vœu de Lagardère, ainsi exprimé publiquement, rejoignait le vœu d'autres grands éditeurs. Pour l'occasion, ils sont tous dans le même bateau... Mais le groupe Lagardère, numéro 1 de l'édition, pouvait se prévaloir des relations privilégiées d'Arnaud avec le président Nicolas Sarkozy (« *Arnaud est plus qu'un ami ! C'est un frère* », proclamait NS en avril 2005). Le changement de Président fut sûrement dédramatisé : journaliste, la compagne de François Hollande est une "belle plume" de *Paris-Match*, de chez Lagardère. Que "la première dame de France" travaille pour l'une des plus grandes holdings, propriétaire du premier groupe français d'édition, ne crée aucun problème ? Cerise sur le gâteau, Aurélie F. sous contrat. Vive la démocratie de la cinquième République française…

Le mal est ancien, la trahison des écrivains trônait déjà dans la loi : **copie privée et droit de prêt en bibliothèque.**

La France s'honore d'aider les écrivains également par la rémunération pour la copie privée et au titre du prêt en bibliothèque. Mais les portes du gestionnaire de cette manne financière, déjà la Société Française des Intérêt des Auteurs de l'écrit (SOFIA), sont fermées aux écrivains indépendants, pourtant professionnels de l'édition, déclarés en profession libérale, auteur-éditeur.

Les consommateurs comme les fabricants considèrent "souvent" qu'ils payent trop cher pour le droit de copie privée, même sur des supports qu'ils utilisent pour la copie de leurs propres données. Les bénéficiaires s'expriment peu. Qui sont les grands bénéficiaires ? Dans le monde du livre, principalement les éditeurs ! Compenser financièrement le préjudice subi par les titulaires de droits d'auteur et de droits voisins afin de maintenir l'exception de copie privée au bénéfice du consommateur, tel est l'objectif claironné du système de la rémunération pour copie privée.

La loi du 4 juillet 1985 a instauré une commission indépendante, composée de représentants des redevables et des bénéficiaires, qui a pour mission de déterminer les modalités de mise en œuvre de cette rémunération pour copie privée. Les montants collectés sont reversés à hauteur de 75% aux bénéficiaires, soit plus de 129 millions d'euros en 2008. Les installés se partagent ainsi 25% des montants perçus, prétendument dédiés à des actions d'intérêt culturel… L'intérêt culturel de qui ?

Pour les livres, 75% des sommes collectées reviennent aux auteurs ? Mais non, elles passent par cette société de gestion, prétendue administrée à parité par les auteurs et les éditeurs... (avec les célèbres auteurs inféodés aux éditeurs) Quant au "dynamisme culturel", même s'il pourrait être assuré par les écrivains indépendants, les 25 % ne leur sont pas destinés...

Mais tout est bien encadré : une clé de répartition est établie à l'article L. 311-7 du CPI entre les ayants droit en fonction du type d'objet protégé. Pour les phonogrammes, la rémunération bénéficie pour moitié aux auteurs, pour un quart aux producteurs et pour un quart aux artistes interprètes. Pour les vidéogrammes : un tiers aux auteurs, un tiers aux artistes interprètes, le reste aux producteurs. Quant aux œuvres de l'écrit et de l'image fixées sur un support d'enregistrement numérique, la rémunération est répartie à part égale entre les auteurs et les éditeurs.

*« La Sofia... société civile de perception et de répartition de droits, administrée à parité par les auteurs et les éditeurs dans le domaine exclusif du Livre. Seule société agréée par le ministre chargé de la Culture pour la gestion du droit de prêt en bibliothèque, la Sofia perçoit et répartit le droit de prêt en bibliothèque. Elle perçoit et répartit également, à titre principal, la part du livre de la rémunération pour copie privée numérique. »*

Les auteurs peuvent adhérer à la Sofia : *« Pour percevoir les droits gérés par Sofia dans les conditions les plus favorables,*

*- Pour recevoir régulièrement une information utile sur toutes les évolutions concernant le droit d'auteur et les actions conduites en votre faveur auprès des pouvoirs publics,*
*- Pour faire entendre votre voix dans la seule société qui réunisse à parité auteurs et éditeurs et qui prenne des initiatives communes au plan politique et juridique pour la défense de vos droits. »*

Contre un chèque de 38 euros, l'auteur obtiendra une part sociale. Mais il doit avoir publié à compte d'éditeur...

Quant aux éditeurs ils doivent présenter des contrats d'édition pour adhérer. Ce qui semble exclure "en douceur" la catégorie des auteurs-éditeurs indépendants !

Cette société fut créée en février 2000 par le SNE (Syndicat national de l'édition ; Syndicat national des éditeurs classiques semblerait plus précis) et la SGDL (Société des gens de lettres de France... gens de lettres passés par un contrat à compte d'éditeur).

Interrogée (je m'étais d'abord intéressé aux droits de prêts), naturellement la Sofia confirme

Le 3 juillet 2012 :

Bonjour,

Je vous confirme que les livres autoédités n'entrent dans le cadre du droit de prêt.

Ils ne sont pas déclarés par les bibliothèques et donc pas rémunérés.

Le contrat d'édition est indispensable.

Je vous précise qu'à ce jour seuls les livres en version papier sont pris en compte.

Cordialement,

Réponse au message du 20 juin 2012 :

Bonjour,

Auteur-éditeur professionnel (numéro Siret, charges Urssaf, Rsi, BNC...), je ne touche actuellement aucun "droit de prêt."

Merci de m'indiquer de quelle manière je peux y prétendre (14 livres en papier et une soixantaine en numérique)

Naturellement, Auteur-éditeur, je ne signe pas de contrats d'édition. Une phrase m'inquiète : "*Tous les éditeurs cessionnaires de droits d'exploitation d'œuvres peuvent adhérer à Sofia sur justification de l'existence de contrats d'édition.*

http://www.la-sofia.org/sofia/editeurs-de-livres.jsp"
Elle semblerait signifier que les indépendants sont exclus de la gestion du droit de prêt.

Est-ce le cas ?

Amitiés

Stéphane Ternoise - www.ecrivain.pro

L'existence du droit de prêt en France est une conséquence de la directive européenne n°92/100 du Conseil du 19 novembre 1992, relative au droit de location et de prêt. Elle reconnaît, dans son article 1er, le droit d'autoriser ou d'interdire le prêt d'originaux ou de copies.

La loi du 18 juin 2003 l'a organisé en France en créant un droit à rémunération pour l'auteur au titre du prêt de ses livres dans les bibliothèques. Cette licence légale garantissait aux bibliothèques le « droit de prêter ». Les livres des écrivains indépendants furent donc exclus de la loi ! Comme si certains souhaitaient qu'ils n'entrent pas en bibliothèque...

Adopté à l'unanimité par le Sénat le 8 octobre 2002, le projet de loi relatif au droit de prêt vint ensuite en première lecture à l'Assemblée Nationale le 2 avril 2003 et le Parlement l'adopta le 18 juin 2003.

L'auteur perdait son droit d'autoriser ou d'interdire le prêt des exemplaires de son œuvre... contre une rémunération compensatoire qu'il partage à parts égales avec son cher éditeur... L'auteur, s'entend celui dans le système de l'édition traditionnelle.

L'exclusion des indépendants figure dans le code de la propriété intellectuelle ! Grande démocratie que la France ! Chapitre 3 du livre premier du CPI. Conforme à la Constitution française ? Aucun groupe parlementaire n'ayant contesté la manœuvre, le Conseil Constitutionnel ne s'est pas saisi du dossier. Une loi peut être anticonstitutionnelle : il suffit de léser une minorité silencieuse, une minorité dénigrée au point d'être niée, ici les écrivains invisibles.

Article L133-1

« *Créé par Loi n°2003-517 du 18 juin 2003 - art. 1 Journal Officiel du 19 juin 2003, en vigueur le 1er août 2003.*

*Lorsqu'une œuvre a fait l'objet d'un contrat d'édition en vue de sa publication et de sa diffusion sous forme de livre, l'auteur ne peut s'opposer au prêt d'exemplaires de cette édition par une bibliothèque accueillant du public.*

*Ce prêt ouvre droit à rémunération au profit de l'auteur selon les modalités prévues à l'article L. 133-4. »*

Une petite phrase suffisante : « *Lorsqu'une œuvre a fait l'objet d'un contrat d'édition* ». Un écrivain, auteur-éditeur, ne se fait de contrat d'édition : travailleur indépendant, il assume ses charges avec ses recettes.

S'il entrait dans les détails (les connaît-il ?) Martin Malvy pourrait répondre que le *Centre Régional des Lettres* suit l'esprit des lois. Oui, la France est un pays d'exclusion du travailleur indépendant dans le domaine de l'édition.

Actuellement l'État verse une rémunération forfaitaire de 1,50 € par inscrit en bibliothèque publique et 1€ par inscrit pour les bibliothèques universitaires (les usagers des bibliothèques scolaires n'entrent pas dans le calcul). La contribution de l'État est d'environ onze millions d'euros par an…

L'effet de la gelée… vous ne l'aviez jamais vue ainsi ?

Œuvre d'une poule.

## Quand on lui demande de l'argent, que fait l'écrivain ?

Etre inconnu, c'est difficile ! Payer pour figurer parmi les meilleures ventes ? Sous le titre « *Puissant outil de promotion sur Amazon* » un modeste éditeur essaie de se faire remarquer.

*« Bonjour,*
*Je viens de découvrir un moyen plutôt efficace de gagner de la visibilité sur Amazon :*
*-----dex est un outil dont le fonctionnement est le suivant :*
*Il faut inscrire son livre numérique sur le site, ça coute 49 € HT. Ensuite, on commande des ventes de son livre, en payant 125% du prix de vente. Par exemple, pour un livre à 0,99€, on paye 1,24€ / vente commandée.*
*-----dex propose ensuite le livre à une communauté de lecteurs à qui elle rembourse l'achat.*
*J'ai propulsé deux de mes livres avec ce système, le premier (...) a été 3 du Top 100 Ebook Amazon / kindle avec 80 ventes, et le second (...) 10e avec 35 ventes. (ce qui permet aussi de découvrir un peu le marché.)*
*Voilà, c'est juste un outil marketing, après, il n'y a pas de miracle, j'ai pu voir le chemin parcouru par les livres qui ont utilisé cet outil, certains ont réalisé un joli parcours (... est toujours dans les 30 premières places depuis plus de 50 jours), d'autres sont repartis très vite dans les profondeurs obscurs, ce sont les lecteurs qui décident...*
*Pour être parfaitement transparent, je participe à un programme d'affiliation, alors si jamais vous avez envie de tenter l'expérience, c'est sympa pour moi si vous passez par ce lien au moment de l'enregistrement de votre livre :... »*

Le débat sur le forum privé s'est rapidement envenimé et après quelques échanges, je précisais « *Aurelien,*
*Vous n'avez rien gagné... mais le site en question y gagne à tous les coups, et si en espoir de gagner un peu avec l'affiliation, vous faites sa promo, il augmente ses bénéfices... et un jour les lectrices et lecteurs qui achètent via ce site pour être remboursés, seront repérés par Amazon qui supprimera leurs commentaires mais peu importe, le site aura fait son bénéfice...*

*Todd Rutherford, s'octroyait jusqu'à 28 000 dollars de salaire avec un système similaire... Lui vendait des packs de 20 ou 50 bonnes critiques... Accepter d'enrichir ce genre de site, pour un éditeur, ne me semble pas préférable (pour m'exprimer en stoïcien)...»*

J'avais été sollicité sur http://www.auto-edition.com par ce site. Le référenceur espérait même une diffusion, un soutien au "bon plan" car il visait ouvertement les auto-éditeurs. Il s'agit bien de se faire de l'argent sur les personnes en recherche de promotion.

Quand on lui demande de l'argent, un écrivain devrait toujours se méfier... mais... il a envie de croire qu'enfin c'est son jour de chance... Si la somme reste modeste, il sait pouvoir se le permettre... comme le rmiste dans un casino peut lancer quelques pièces dans une machine... Alors il ne lit pas les clauses des conditions d'utilisation, autre terme de contrat, il paye !

Doit-on accepter de payer pour (espérer) atteindre illico le top des ventes des plateformes numériques ?

Augmentez artificiellement et significativement vos ventes, propulsez vos ouvrages en tête des ventes, ainsi vous serez visibles et générerez de vraies ventes...

Cette approche peut convaincre, et surtout permettre à l'organisateur de cet engrenage d'en vivre...

Nous essayons de mettre en place une économie saine du livre numérique. Où la qualité serait visible. Donc nous devons rester vigilants à toute dérive.

Nous : des auteurs indépendants, avec le statut d'auteur-éditeur, des edistributeurs (enfin, plutôt UN, les autres restés imprégnés des vieux circuits oligarchiques), des éditeurs 100% numériques qui semblent s'être lancés dans cette aventure avec l'envie de "faire du bon boulot" (même si, porté par mon "utopie" d'indépendance, j'éprouve toujours de petites difficultés avec ces "collègues"... mais je sais bien la difficulté d'assumer toutes les phases solo (wo)man...)

Quand tentent de s'immiscer des "intermédiaires", des accélérateurs de visibilité... mais à condition de payer !... il se trouve toujours quelques "malins" pour saisir l'occasion...

*« Je suis rentré dans mes frais et j'ai eu plus de lecteurs »* pour l'éditeur. *« Je me fais un max de fric »* pour l'intermédiaire.

« *Pourquoi n'en profiterais-je pas pour lire gratuitement* » pour les lectrices et lecteurs. « *Nous allons dans le mur si ce système prend de l'ampleur* », les défricheurs du numérique en francophonie. Ainsi pourraient répondre les quatre acteurs actifs de cette grande aventure. Quant à la plateforme numérique, elle peut osciller entre « *pour moi, ça ne change rien, y'a des ventes, que les gens soient remboursés ensuite, ce n'est pas mon affaire* » à « *nous avons besoin de crédibilité, dans le classement des meilleures ventes également.* »

Le mouton du Quercy… Peut-être la plus belle des merdes, la plus exposable ?

## Le monde de l'édition traditionnelle ne me convient pas

Devrais-je, comme tant d'autres qui partagent mes analyses mais préfèrent le taire publiquement, mettre de côté un certain idéalisme et "profiter du système" ? On ne change pas un système, on y fait son trou !

Naturellement, ces « *artistes engagés qui osent critiquer Pinochet à moins de 10 000 kilomètres de Santiago* », ne peuvent risquer de se fâcher avec le monde de l'édition. Face au pouvoir, il est plus facile de grignoter sa part de gâteau. On m'en veut d'oser "caricaturer" en collaborateurs du grand capitalisme des gens le plus souvent prétendus de gauche. Ces gens disponibles pour les "grandes causes" appellent docilement à voter Hollande, Malvy, Cahuzac, Guérini, Baylet, Tapie, Pinel... De bons soldats de gauche...

Selon challenges.fr, Antoine Gallimard (et sa famille) serait la 224ème fortune de France avec 160 millions d'euros en 2012.
Il est "naturellement" devancé par Arnaud Lagardère (et sa famille) au 170ème rang avec 345 millions d'euros.
Lagardère Arnaud ? On ne martèle pas (et il sait rester discret, simplement envoyer des satisfecit à Nourry Arnaud chargé de faire remonter du cash) qu'il est le véritable patron chez Grasset, Stock, Fayard et compagnie, le groupe Hachette Livre.
Francis Esménard (et sa famille) 296ème avec 115 millions d'euros, fondateur et patron d'Albin Michel (il en contrôle toujours les trois quarts).
Dans "la famille" d'Antoine Gallimard au sens de challenges.fr, ne figure pas "Isabelle et Robert Gallimard et Muriel Toso", *conglomérat* classé au 321ème rang des fortunes de France avec 100 millions d'euros tout rond. Le site du mensuel note "*Ces familles, actionnaires historiques et proches d'Antoine Gallimard, conservent 38 % de l'éditeur (CA : 253 millions).*"
Hervé de La Martinière, 472ème (encore 60 M€), président-fondateur (il en conserve 29 %) de La Martinière, qui a racheté le Seuil en 2004.
Jacques Glénat (et sa famille) 472ème fortune de France également. Il m'est inconnu mais il s'agit d'un grenoblois, à la tête de *Glénat Edition*, sûrement un pilier dans la BD (Chiffre d'Affaire 80 millions en 2012 avec 673 nouveautés).

Pierre Fabre les devance tous, au 54$^{eme}$ rang des fortunes françaises avec 800 millions d'euros. À la tête d'un mastodonte dans le domaine pharmaceutique, il semble s'intéresser aux discrets "vecteurs d'informations" : propriétaire de l'hebdomadaire "*Valeurs actuelles*", considéré très à droite et au capital (6%) de la *Dépêche*, éditeur de "*La Dépêche du Midi*"... qu'on dit très liée aux intérêts de Jean-Michel Baylet. Mais dans l'édition c'est surtout l'éditeur de François Hollande ("*Le rêve français : Discours et entretien (2009-2011)*") et Martin Malvy 2013 qui m'intéresse : « *Créées à Toulouse en 1839, les Éditions Privat restent une des très rares maisons d'édition françaises à rayonnement national à n'être pas située à Paris. Elles ont été achetées par les Laboratoires Pierre Fabre en 1995.* » Pierre Fabre sponsorisait le rugby à Villeneuve-sur-Lot au temps du Cahuzac tout puissant... Il est mort fin juillet 2013, quelques heures après le suicide de Jack-Alain Léger.

Les "*Éditions médicales Pierre Fabre*", ayant par exemple publié "*Atlas proctologic*" de Roland Copé le 1$^{er}$ septembre 1994, ne semblent plus exister.

Amazon présente également un sûrement intéressant "*Les phlébites révélatrices*" de Griton Wallois, publié le 1$^{er}$ janvier 1499. Oui, le 1$^{er}$ janvier 1499, c'est écrit sur Amazon donc c'est vrai !

Travailler avec et pour ces millionnaires me dérangerait. Oui, quand on naît pauvre, on peut éprouver certaines retenues, sans même parler de lutte des classes. Aurélie Filippetti semble penser le contraire (elle écrit sur la lutte des classes mais aucun état d'âme visible à servir des lois aux installés, à part bien sûr Ernest Antoine Seillière) S'il n'y avait que l'argent, peut-être aurions-nous pu nous entendre. Mais il y a les méthodes.

Quelques phrases à opposer aux incompétents (dans le domaine de l'édition), toujours prompts à défendre l'édition nationale :

« *Tout dépend de la maison d'édition dans laquelle vous êtes édité, et du travail fait en amont par les attachés de presse auprès des journalistes et des jurés littéraires.* » Alain Beuve-Méry.

« *Les grands groupes publient, distribuent, vendent et font commenter favorablement les titres qu'ils produisent.* » Baptiste-Marrey.

« *Il* [Jean-Marc Roberts] *n'est pas très fier de la manière dont, chaque automne, il magouille pour que ses auteurs obtiennent des prix.* » Jérôme Garcin.

« *Les écrivains ne se nourrissent pas de viandes ou de poulet, mais exclusivement d'éloges* » résumait Henry de Montherlant… aurait-il opté pour l'indépendance en 2013, comme mon cher Stendhal auquel j'emprunte régulièrement « *l'homme d'esprit doit s'appliquer à acquérir ce qui lui est strictement nécessaire pour ne dépendre de personne* » ?

Louis-Ferdinand Céline exagérait sûrement avec « *Tous les éditeurs sont des charognes.* » Mais il fréquentait Gaston Gallimard de la famille des péremptoires : « *Un auteur, un écrivain, le plus souvent n'est pas un homme. C'est une femme qu'il faut payer, tout en sachant qu'elle est toujours prête à s'offrir ailleurs. C'est une pute.* »

Le crottin, de cheval, la plus recherchée des merdes pour le jardin, serait sûrement la plus pratique à commercialiser : ferme, conséquente… Chaque année, début novembre, à Montcuq, se déroule une course d'endurance à cheval, prétendue "grande classique dans le monde." Quelle merveilleuse occasion pour ce commerce...

## Un univers contrôlé de l'édition…

Contrôler les moyens de diffusion (les diffuseurs distributeurs) et de promotions (les médias) permet de mettre sur le marché uniquement des produits conformes à ses objectifs. Naturellement, les éditeurs ont leurs « opposants au système » : Jean-Marie Messier pouvait ironiser en rappelant à José Bové qu'il travaillait pour lui ! Bové auteur Vivendi… Vous voyez bien qu'un autre monde est impossible dans l'édition quand même le chantre de l'anticapitalisme se lie au capitalisme arrogant. Conglomérat depuis, en grande partie, dans les limites des lois antitrust, passé chez Lagardère, qui sait rester discret. Comme les qataries, son premier actionnaire, à 12%.

Cinq distributeurs, en fait quatre…

Pour alimenter 25 000 points de vente, rien que la logistique et les frais de transport nécessitent une mise de départ dont ne dispose naturellement pas l'auteur-éditeur.

Se limiter aux grandes enseignes, qui fonctionnent avec une centrale d'achats, permettrait une percée significative mais ces structures répondent à l'auteur-éditeur de passer par un distributeur référencé... Cercle vicieux où seuls les installés peuvent commercer...

La note d'analyse officielle gouvernementale, de mars 2012, résumait : « *Alors que dans les autres pays comparables l'éditeur et le distributeur sont deux acteurs bien distincts, les principales maisons d'édition françaises ont développé leur propre circuit de distribution, à l'exemple de la Sodis appartenant à Gallimard ou de Volumen dans le cas du groupe La Martinière. En contrôlant le processus de distribution, les éditeurs français se sont donnés les moyens de dégager des marges plus importantes qu'avec leur seule activité éditoriale.*

*L'intégration de la distribution reste aujourd'hui encore l'une des principales sources de la bonne santé économique des éditeurs français (...)*

*Avec la transmission directe d'un texte depuis une plate-forme de téléchargement vers une tablette ou une liseuse, l'impression et la distribution du livre ne sont plus nécessaires. Or c'est cette dernière étape de la chaîne du livre qui est aujourd'hui la source majeure de rémunération pour l'éditeur.* »

On peut s'étonner des exemples : exit les deux premiers distributeurs, ceux des groupes Hachette et Editis, les leaders de l'édition. Mais naturellement, dans une note officielle, la mise en valeur de Gallimard et La Martinière doit sembler préférable. Cinq distributeurs se partagent plus de 90% du marché : Hachette Distribution, Interforum (Editis), Sodis (Gallimard), Volumen (Seuil-La Martinière), Union Distribution (Flammarion). En rachetant Flammarion, Gallimard est devenu un poids lourd de l'édition française, le troisième groupe. Il a aussi acquis un distributeur et le rapprochement Sodis - UD semblerait logique.

Le pouvoir de négociation des fournisseurs extérieurs, les petits éditeurs, est quasi nul face à ces mastodontes.

Jean-Claude Utard, dans le résumé de son cours sur l'édition française à l'Université Paris Ouest Nanterre La Défense, note : « *Un éditeur petit ou moyen est donc contraint de déléguer ce travail* [distribution et diffusion] *et se retrouve dans une situation où il n'est pas complètement libre de choisir : c'est le distributeur et le diffuseur qui, en fonction des rythmes de parution, des chiffres et du volume des ventes de cet éditeur et de sa complémentarité avec les autres éditeurs de son catalogue, en définitive acceptent de le prendre en compte. Une caution est en général exigée alors par le distributeur et la rémunération du distributeur et du diffuseur consistera en un pourcentage sur les ventes (10 % en moyenne pour la distribution), souvent assorti de la condition d'un chiffre d'affaire minimum (et donc d'une rémunération minimum pour le distributeur et le diffuseur).* »

Une caution et un chiffre d'affaire minimum : ainsi la porte est fermée à l'auteur-éditeur, discrètement, sans nécessité de préciser « réservé aux éditeurs adhérents du SNE. » **Il suffit d'imposer des contraintes économiques pour exclure, inutile de censurer.**

Avant le numérique, c'était simple : un livre sans distribution est un livre invisible, invisible également pour les médias. Donc il suffit de tenir la distribution pour tenir les écrivains. L'auto-éditeur ne pouvait dépasser un rayonnement régional au point que « le roman du terroir » semblait parfois le seul apte à barboter dans ces eaux polluées.

Les portes de la distribution sont, en partie, défoncées par le numérique. Mais les médias restent de marbre. Et grâce aux aides de l'Etat, le livre en papier continue à très bien de porter.

L'argent public pourrait, devrait, apporter de la démocratie dans la chaîne du livre, en ouvrant à tous les circuits de distribution, l'accès aux 25 000 points de vente. Mais il renforce les positions de l'oligarchie. Frédéric Mitterrand, Aurélie Filippetti, même conception de la cinquième République.
Vous avez cru au changement mais Aurélie Filippetti n'est qu'une anagramme de Frédéric Mitterrand. Mais non, ne vérifiez pas, c'est une image !

La limite entre la merde et l'art est parfois ténue ? Un peu de tenue ?

### Comprendre le monde dans lequel nous vivons

Comprendre le monde dans lequel nous vivons : cette ambition démesurée me semble indispensable à l'écrivain lancé dans l'art du roman contemporain. Une œuvre doit englober son époque, en la saisissant par les poignées essentielles. Ainsi, ici et maintenant : la mainmise des oligarchies, même parvenues à guider les élus de tous bords (et plus si affinités), la culture sacrifiée sur l'autel des distractions, les complicités inconscientes (comme ces discours des bibliothécaires sur le soutien à « la chaîne du livre »), les impasses religieuses, le saccage des campagnes, les violences et malgré tout des quêtes de sens, individuelles.

Comme la photo, le livre deviendra numérique. Un support plus pratique, moins cher, générant moins de gâchis (cent millions de livres en papier détruits chaque année rien qu'en France). Ce qui n'interdira nullement d'imprimer les textes les plus délicieux ou pour une utilisation particulière. Le papier s'accapare des ressources très précieuses, engendre de nombreux coûts, d'immenses pollutions, afin de permettre le passage des mots de l'écrivain aux lectrices et lecteurs ; il nécessite même dans l'organisation française de nombreux intermédiaires, dont les « éditeurs traditionnels », au rôle littéraire peut-être inutile et les « librairies traditionnelles » pourtant peu adaptées au commerce du livre en papier ! (combien de bouquins disponibles dans leurs mètres carrés ? la production récente des "mastodontes de l'édition" et des classiques, bizarrement passés par les mêmes incontournables, maisons majoritairement contrôlées par des grandes fortunes du pays)

Depuis une décennie, je conceptualise cette révolution, « fille de l'auto-édition. » La révolution numérique apporte à l'auto-éditeur les moyens de son ambition, de son indépendance… à condition que les règles du jeu ne soient pas faussées par des élus liés aux oligarchies. Emmanuel Todd résumait en 2012 : « *la vérité de cette période n'est pas que l'État est impuissant, mais qu'il est au service de l'oligarchie.* » Il obtenait ainsi une place d'honneur sur www.oligarchie.fr. La conclusion, dans le secteur de l'édition, c'est que la puissance publique, prétendue du côté des créateurs, déploie ses réseaux au profit des éditeurs, cette nomenklatura parvenue à confisquer "l'exception culturelle." Aurélie Filippetti complice et coupable.

Amazon, enfin en France, accorde, malgré les bâtons fillipétiens, une possibilité de visibilité aux indépendants. Oh Amazon n'est pas la panacée ni une société philanthropique mais dans un pays figé, le site offre une bouffée d'oxygène. Puisse d'autres le concurrencer. Tout modèle économique a besoin de concurrences… et non de monopoles, comme l'ont de fait les groupes qui contrôlent les 25 000 points de vente du livre en papier.

En lançant www.auto-edition.com en l'an 2000, j'étais, en France, le premier à réellement croire qu'Internet changerait la vie des écrivains. Cette position de défricheur m'a certes valu quelques inimitiés (euphémisme) mais me permet d'exposer un point de vue cohérent, même si pour quelques petits jeunes sortis des écoles de commerce, il convient de me classer parmi les vieux ! Ils ignorent encore qu'un romancier de 45 ans reste tout frais… Je pourrais leur balancer une réponse de Jacques Brel…

## Jacques Brel

Je réécoute régulièrement *Radioscopie* Jacques Brel / Jacques Chancel, du 21 mai 1973. Tout juste 44 ans (né le 8 avril 1929) le chanteur devenu cinéaste y déclare « *J'ai 45 ans.* » Au vol : « *Ça s'est beaucoup mieux passé que mes rêves les plus optimistes… Il y a des colères qui ne servent à rien… Le talent, c'est d'avoir envie de faire quelque chose, mais ce n'est que ça, et après il y a toute une vie à user pour essayer de faire ce quelque chose… Il faut savoir tous les jours qu'on est mortel… Il y a plein de problèmes qui sont des problèmes d'immortels… Tout le malheur vient de l'immobilité, toujours, on use les choses en étant immobile… L'important c'est de faire les choses, c'est d'aller voir. L'important c'est de se mettre au pied du mur. Et alors si on a mal calculé son élan, si on se heurte au mur et qu'on se casse la tête, il faut pas insulter les autres, c'est qu'on se trompe soi… Dès qu'on fait les choses, on devient d'une humilité fantastique. Dès qu'on va voir, on a vraiment peur… Je préfère et de loin me pulvériser la gueule que de rester immobile et de dire que je vais faire quelque chose… Je suis prioritaire par rapport aux gens qui ne font pas les choses… Il faut fuir la gravité des imbéciles… »*

Jacques Chancel : - *Comment faut-il vivre ?*
Jacques Brel : - *Debout et en mouvement. Et ne jamais avoir l'air fatigué. Parce que l'avenir vous tombe sur la tête.*

Jacques Chancel : - *… Vous n'en faites pas trop ?*
Jacques Brel : - *Peut-être… J'ai effectivement un manque total de mesure.*

A Chancel persuadé qu'au « *bout de la route* », il serait romancier : « *le roman, c'est une discipline majeure, souvent j'ai été tenté, j'ai l'impression d'être encore trop passionné, pas assez observateur, pas assez le voyeur, d'être trop jeune en fait.* » Mais parfois, on ne voit pas la poutre dans ses propres yeux : « *quand on a mal aux dents à 20 ans, c'est qu'on ne s'est pas brossé convenablement les dents avant tous les jours.* » Et il s'allume une cigarette. Cinq ans plus tard il mourait d'un cancer.

La merde, quand on la laisse tranquille, devient… un combustible possible ! Essayez !

# Ce qu'est devenu l'écrivain en France ? François Busnel raconte

François Busnel connaît très bien l'édition officielle française, il en est l'un des piliers médiatiques : journaliste littéraire, il présente "*la Grande Librairie*" sur France 5, devenue la seule émission littéraire en prime time, le jeudi soir à 20 heures 35 et "*le grand entretien*" en semaine, sur *France-Inter* de 17 à 18 heures. Également chroniqueur à l'*Express* et rédacteur en chef de *Lire*.

François Busnel donnera d'ailleurs du « *nous journaliste...* », dans la série les journalistes interrogent les journalistes, quand Philippe Vandel le reçoit pour l'émission du 13 décembre 2012 "*Tout et son contraire.*"
François Busnel est allé aux États-Unis pour réaliser le portrait des derniers "vrais écrivains"...

François Busnel : « *Ce qui est intéressant, c'est d'aller à la rencontre des derniers grands fous qui sont les fous géniaux. Si on avait pu aller rencontrer au 19e siècle Baudelaire, Flaubert, Gérard De Nerval, Lamartine, Victor Hugo, Balzac, vous pensez que l'on aurait eu affaire à des gens normaux ? Mais pas du tout, ce sont des grands fous mais c'est des fous géniaux. C'est c'qu'on appelle les fous littéraires. Et alors, aux États-Unis, il se passe quelque chose d'assez incroyable, c'est que l'écrivain n'a pas de statut social, c'est-à-dire il n'est pas comme à Saint-Germain-des-Prés, en train de donner son avis sur tout, de boire des coups pour se faire remarquer par la presse et par les gens, il signe pas d'autographe... Au contraire il n'a aucun ego donc il s'enfonce dans cette espèce de folie qui est créatrice du coup, qui devient une folie créatrice, régénérante, c'est ça qui est absolument extraordinaire aux eux, donc on est au cœur du processus de création.* »
http://www.franceinfo.fr/entretiens/tout-et-son-contraire/francois-busnel-aux-etats-unis-l-ecrivain-n-a-pas-de-statut-social-831795-2012-12-13

« *Quelque chose d'assez incroyable* », qu'il existe encore des êtres humains pour respecter la littérature au point d'y consacrer leur vie plutôt que de gérer leurs relations ! Incroyable, pour M. Busnel qu'on ne passe par notre temps à essayer de se faire remarquer des journalistes en offrant l'apéro.

Philippe Vandel aurait pu, aurait dû, le prier de conclure logiquement ? Est-ce que "nos grands écrivains" n'ont plus rien de commun avec les Balzac, Flaubert ou Hugo ? Est-ce pour cela que la littérature officielle française n'est plus qu'une production industrielle dont il ne restera rien dans un siècle ?
Philippe Vandel ne semble pas du genre à embarrasser un confrère avec un « alors, François Busnel, soyez sérieux et responsable, arrêtez de faire la promo des pitres, cherchez en France si de vrais écrivains ne mènent pas un combat invisible… »
La dérive est connue mais tant que la machine tourne, l'édition officielle se gargarise d'exception culturelle et autres conneries censées faire vendre et subventionner.

## François Busnel : Houellebecq et Sollers sont surestimés...

François Busnel répond à des questions de lecteurs ou internautes sur LEXPRESS.fr, publié le 12 mars 2009

Anna : - Quels auteurs sont selon vous surestimés dans la littérature contemporaine?
François Busnel : - Je dirais Houellebecq, Sollers...

Mars : - N'avez-vous jamais eu envie d'écrire un roman, à force de fréquenter des romanciers?
François Busnel : - Non, jamais. Je n'ai aucun talent pour cela... mais moi je le sais. Inutile d'encombrer les rayons des librairies... De toute façon, ce qui m'intéresse c'est de lire les bons écrivains pas de jouer à l'écrivain.

PPK : - Pourquoi toujours inviter les vedettes du jour qui ont peu de chances d'être les "classiques" de demain ? Faut-il réellement que la littérature soit du show-bizz ? François Busnel : - Je ne suis pas sûr que vous parliez de La Grande Librairie... Je n'invite pas "les vedettes du jour" : vous n'avez vu dans mon émission ni BHL ni Houellebecq ni Sollers... mais des écrivains cultes comme John Berger (qui ne fait jamais de télé), Jim Harrison, ou encore Christian Gailly ou Olivier Cadiot. Des auteurs de premier roman comme Tristan Garcia ou Jean-Baptiste Del Amo... Quand au show bizz, c'est ailleurs que dans la Grande librairie...

Yamamba : - Quels sont les romanciers francophones qui sont actuellement publiés et que vous imaginez s'imposant à la postérité ?
François BUSNEL : - Je ne suis pas prophète... Mais je dirais volontiers Patrick Modiano et JMG Le CLézio.

Delph : Un auteur qui agace, qui dérange, qui fait se poser des (bonnes) questions est-il un auteur important, un auteur qui mérite qu'on s'arrête sur lui, malgré des propos parfois à la limite et une écriture beaucoup moins intéressante que d'autres (je pense à Houellebecq vous l'aurez compris) ?

François BUSNEL : Non, je n'avais pas compris, pour Houellebecq... Dans son cas, en effet, nous sommes face à un auteur qui, depuis le départ, a tout fait pour forger sa propre légende en utilisant les médias. Pour répondre à votre question, tout dépend de l'écrivain : un écrivain qui dérange est, à mes yeux, un auteur important : c'est le rôle de la littérature que de déranger. Le problème est qu'il faut du talent littéraire, en plus de la simple provoc. Et ça, ce n'est pas donné à tout le monde... L'écrivain est celui qui sait à la fois déranger et écrire.

C'est dans "*la grande librairie*", sur France 5, le 15 septembre 2011, que François Busnel encensa le roman "*Rien ne s'oppose à la nuit*" de Delphine de Vigan, un roman « *absolument extraordinaire* » qui « *sort du lot* ». Non, pas du département du Lot ! Il ne lui sembla pas nécessaire de préciser que la jeune femme partage sa vie. Depuis que Lucien Morisse, directeur des programmes d'*Europe 1*, n'hésita pas à diffuser en boucle Dalida, sa compagne puis épouse, le procédé semble entré dans les mœurs.

arretsurimages.net note au 4 novembre 2011 : « *Hier sur France Inter, Delphine de Vigan est revenue sur son passage sur le plateau de son compagnon François Busnel, le 15 septembre sur France 5. Et l'auteure de* Rien ne résiste à la nuit *(éd. JC Lattès), qui domine les ventes de roman depuis la rentrée, a clairement dit qu'elle s'était sentie "atrocement mal à l'aise". Tout en défendant sa "légitimité" à être invitée dans cette émission littéraire, et en rappelant que les plateaux télés sont régulièrement remplis de proches d'animateurs, sans que personne ne le dise ou que ça gêne quiconque.* »

Donc les médias officiels en sont arrivés au point où « *les plateaux télés sont régulièrement remplis de proches d'animateurs, sans que personne ne le dise ou que ça gêne quiconque.* » Bien que vivant sans télévision, madame la romancière, je vous le balance gentiment : ça me gêne beaucoup que la littérature soit ainsi prise en otage par les fils, filles, compagnons, compagnes, amis de...

La même page arretsurimages.net note « *Le site du Nouvel Observateur signale que, sur la page web présentant le prix du roman France Télévisions, qui vient d'être attribué à Delphine de*

*Vigan (et dont François Busnel faisait partie du comité de sélection), la télé publique signale bien qu'elle a reçu l'auteure sur deux plateaux… mais a "oublié" La Grande Librairie. »*

Peut-être même que personne ne fut gêné que ce prix soit remis à la compagne de monsieur François Busnel par le groupe où il occupe une place prépondérante. Peut-être que personne ne le dit. Peut-être que personne n'ose le dire. Eh bien, pour moi, ces pratiques n'honorent ni le groupe *France Télévisions* ni monsieur Busnel, ni même l'éditeur *JC Lattès*, du groupe Lagardère.

## Salons du livre...

Arrivé en 1996 dans le Lot, j'ai découvert Figeac le 26 avril 1998. Martin Malvy, député-maire, ancien Ministre du Budget, signait l'édito de cette douzième fête. Mon nom ne figurait pas sur le programme, conformément au document qu'il m'avait fallu retourner, accompagné d'un chèque de 80 francs pour obtenir une demi-table.

Nous, les indépendants, étions à l'écart, face à la vraie fête, celle des Yvette Frontenac, Georges Coulonges, Colette Laussac, Michel Palis, Michel Peyramavre (selon le programme, Michel Peyramaure en réalité), Michel Cosemm, Didier Convard, Serge Ernst, Laurent Lolmède, Didier Savard, Andrée-France Baduel, Laurence Binet, Mohamed Grim, Christian Rudel, Amin Zaoui...

L'année suivante, j'ai refusé ce système. Je ne suis donc jamais retourné à ce salon.

Le 5 février 1998, j'ai envoyé de Cahors le document idoine, complété, accompagné du chèque numéro 461996.

*12ème fête du livre de Figeac.*
*25 Avril : 14H30 à 19H*
*26 Avril : 10h à 12H30*
          *14H30 à 18H*

*CONDITIONS D'INSCRIPTION DES AUTEURS INDEPENDANTS*

*- Seuls les auteurs sont acceptés dans la limite des places disponibles, (ni libraires, ni éditeurs).*
*- Tous les frais inhérents à cette manifestation sont à la charge de l'acteur (transport, restauration, hébergement)*
*- Toute inscription devra s'accompagner d'un chèque à l'ordre de "Lire à Figeac".*
*- Une table maximum par auteur :*

*\* Lot : une table : 160Frs, une 1/2 table : 80Frs.*
*\* Autres départements : une table : 320Frs, une 1/2 table : 160Frs.*

*- L'auteur aura à charge d'amener ses ouvrages, un emplacement lui sera réservé.*
*- Le nom de l'auteur n'apparaîtra pas sur le programme.*
*- Le bénéfice de la vente de ses ouvrages lui reviendra en totalité.*

*- L'auteur devra se présenter à la Salle Balène, Quai Bessières, 13H30.*
*(l'ouverture au public se fera à 14H30)*

*Bulletin à remplir et à renvoyer à "LIRE A FIGEAC"*
*Boulevard Pasteur*
*46100 FIGEAC*

*Je reconnais avoir pris connaissance des conditions d'inscription et m'engage à les respecter.*

La phrase « *seuls les auteurs sont acceptés dans la limite des places disponibles, (ni libraires, ni éditeurs)* » témoigne disons d'une imprécision dans la considération de cette activité, les auteurs indépendants, se trouvant être éditeurs, juridiquement.

Le 14-4-98 me fut envoyé de Figeac le programme "*Cultures et Droits de l'Homme*", avec un petit mot manuscrit : « *Rendez-vous le samedi 25 Hôtel Balène (Quai Bessières) vers 14 h.*
*A bientôt*
*DL* »


Eh oui, on peut se gargariser des "Droits de l'Homme" et pratiquer l'ostracisme, la ghettoïsation, au quotidien.
Il s'agissait de ma première participation à un salon dans cette partie du Lot.
Ma jeunesse me permit quelques dialogues. Certains du genre « il faut guider le nouveau, lui expliquer les arcanes du métier, pour qu'il profite lui aussi de l'argent public, des bons repas, des hébergements... »
Nous entrerons dans la carrière quand nos ainés reposeront au cimetière.
Et quelques aveux : « - T'as payé 80 francs mais ce que je vois, c'est qu'à la fin de la journée, tu repartiras avec de l'argent. Tandis que moi j'aurais bien mangé, je dormirai à l'hôtel mais je ne toucherai pas un centime des ventes. Bien sûr, il me reviendra 10% (ou 5 suivant l'interlocuteur) de droits d'auteur dans un an (parfois : si d'ici là mon éditeur ne ferme pas boutique). Et de toute manière, je ne saurai jamais combien ils en vendent réellement, nous n'avons aucun moyen de vérifier les chiffres. »

Je résumais dans un carnet : « Ils sont nourris par les subventions mais un libraire s'engraisse avec leurs ventes. »

Le 16 avril 1998 Martin Malvy fut élu président du conseil régional de Midi-Pyrénées. (il fut réélu le 2 avril 2004 puis le 26 mars 2010).
Lors de ce salon, je glanais quelques informations sur la politique du livre de la région. Certains attendaient des changements "maintenant qu'on est socialistes..."

## C.R.L. Midi-Pyrénées

En juin 2002, dans *Le Webzine Gratuit* (http://www.lewebzinegratuit.com l'une de mes créations dans le but de devenir un média faute d'accès aux plus connus, mensuel délaissé, surtout faute de temps, malgré plus de 80 000 abonnés), en guise d'interview du mois, ce fut : l'attachée de la direction fantôme et les attachées de direction du Président en réunion...

Dix ans déjà ! Le budget s'exprimait alors encore en francs !

Avec un budget annuel de près de 4 millions de Francs (information du site Internet), le *Centre Régional des Lettres Midi-Pyrénées* a les moyens d'une ambitieuse politique culturelle.... Le CRL organise chaque année un Salon du livre de Toulouse Midi-Pyrénées (le huitième les 5 - 6 - 7 juillet 2002, place du Capitole)... Une sortie de livre : l'occasion idéale de revenir à la charge (en 1998, Laurence Simon, connue dans la région pour sa farouche opposition à l'auto-édition, avait bien souligné éditeurs professionnels dans sa laconique réponse « *Votre qualité d'auteur-éditeur ne nous permet pas de vous intégrer à ce Salon, qui est limité aux éditeurs professionnels de Midi-Pyrénées* »), je peux désormais arguer de l'achat par Microsoft du droit d'utiliser mes premières publications pour « *apprendre le Français à ses logiciels de prochaine génération* » et citer Désiré Janicot, dont le dernier roman (en auto-édition naturellement) a obtenu le deuxième prix des écrivains ruraux, Désiré Janicot, un pilier des salons du livre du Sud-ouest, l'un des "*copains d'abord*" de Brassens (« *c'était pas la femme de Désiré c'était pas la femme d'Hector...* » - Hector, le frère de Désiré...), dont la Gaumont a récemment acquis les droits de deux livres, Désiré également non invité pour "statut juridique"...
Normalement, un Centre Régional des Lettres n'a pas vocation à être le Syndicat des Editeurs "professionnels" (renommés éditeurs subventionnés ?) ni celui des libraires de Toulouse...
Vous ne connaissez sûrement pas Laurence Simon... qui n'est plus au CRL... ce qui peut aider... Donc téléphone...

Stéphane Ternoise : - (...) puis-je parler à madame la directrice Laurence Simon ?

CRL Midi-Pyrénées : - Madame Laurence Simon n'est plus au CRL depuis octobre dernier (...) la prochaine directrice sera en poste au 1er septembre...

Stéphane Ternoise : - Votre position vis-à-vis de l'auto-édition ?

CRL Midi-Pyrénées (l'attachée de la direction fantôme donc) : - Je ne peux pas vous répondre... je suis là pour que l'association continue... mais au niveau des manifestations littéraires, rien n'est changé en ce jour... pour cela il faut attendre la mise en poste de la nouvelle direction...

Stéphane Ternoise - Donc fi des auteurs auto-édités !

CRL Midi-Pyrénées : - C'est des dispositions qui ont été prises par des supérieurs.

Stéphane Ternoise - Alors pourquoi appeler salon du livre et non salon des éditeurs subventionnés ?

CRL Midi-Pyrénées : - Je ne sais pas... ce n'est pas moi qui prend cette décision... c'est des intitulés qui sont restés des années précédentes...

Stéphane Ternoise - Ça ne vous dérange pas d'être dans une association où l'argent public sert à des éditeurs ? [j'exagère ?]

CRL Midi-Pyrénées : - Je suis en intérim... même si je suis là depuis trois ans... on ne me demande pas mon avis... je fais tourner mais je n'ai aucun pouvoir de direction.

Stéphane Ternoise : - Qui faut-il voir ? Monsieur le ministre Martin Malvy [président de Région, ex-ministre... quand on s'en souvient il faut toujours dire monsieur le Ministre à un ancien ministre...] ?

CRL Midi-Pyrénées : - Écrivez au Président du CRL, monsieur Alain Bénéteau.

Stéphane Ternoise : - Quel est son pouvoir ?

CRL Midi-Pyrénées : - Il a le pouvoir d'un président en association... il vous répondra, je pense, d'attendre l'arrivée de la nouvelle directrice...

Stéphane Ternoise - S'il y a un gros problème au CRL ? [je souris en posant la question, hésitant à parodier Renaud : en cas de guerre, en cas de crise ou victoire des fachos]

CRL Midi-Pyrénées : - Immédiatement, j'appelle monsieur Bénéteau.

La sympathique attachée de la direction fantôme (qui n'a

malheureusement pas la qualification exigée du poste... pourtant je préférerais discuter avenir avec elle plutôt qu'avec une sous-madame-Simon), me fournit le contact de monsieur Bénéteau...

Immédiatement, j'appelais monsieur Bénéteau, tout en remarquant « l'intérim » de trois ans.

Bénéteau Alain, PS Haute-Garonne, Premier Vice-président du Conseil Régional Midi-Pyrénées... Commission permanente - Environnement et développement durable - Industrie (PME-PMI, grands groupes et services à l'industrie) - Recherche, transferts de technologies et enseignement supérieur.

Non je ne lui chanterai pas "maintenant qu'on est socialistes, fini le pognon aux éditeurs, on veut des subventions pour les auteurs, et même pour l'auto-édition, parait qu'y a pas qu'des cons" (toujours pour parodier Renaud). M'aurait-il répondu "trublions trublions tu vas prendre des gnons..." (monsieur Bénéteau fut également bercé du côté de Renaud ?)

Premier appel (21 juin). Attachée de direction de monsieur Bénéteau, très aimable...
Stéphane Ternoise : - (...) Pour faire bouger un peu le CRL il faut quelqu'un d'un peu connu sûrement ?
Réponse : - Oui... je pense que maintenant peut-être il y aura une autre politique qui va être mise en place... je pense qu'il vaut mieux que vous en parliez directement avec monsieur Bénéteau et après avec la nouvelle directrice, madame Tabarly, qui va arriver le 1er août... je ne vous promets pas qu'il pourra vous rappeler aujourd'hui... mais lundi...

Deuxième et troisième appels (25 juin). Deuxième attachée de direction de monsieur Bénéteau, très aimable...
Le troisième appel, vers midi, comme demandé.
Réponse : - Malheureusement monsieur Bénéteau se retarde, il va venir directement pour le déjeuner qui l'attend à 12 heures 30... hier il a enchaîné réunion sur réunion, c'est vrai qu'il a beaucoup de gens à rappeler... cet après-midi... soit avant 16 heures soit après 16 heures (sic).

Je notais également dans ce webzine : rejeter l'auto-édition au nom de la sélection par le statut éditeur professionnel est AU MIEUX un aveu d'incompétence : l'auteur-éditeur est éditeur, a un numéro d'éditeur qu'on retrouve dans l'ISBN, est affilié SIRENE ; code APE 923A Activités Artistiques.

Un jour, j'ai enfin obtenu, par mail, une courte réponse de monsieur Alain Bénéteau, président du CRL donc, il souhaitait me rencontrer... « *pour débattre de cette question* »... Et m'accorda un « *nous ne pouvons probablement pas rester sur une situation non évolutive.* »

Si, naturellement, les grandes idées priment en politique (hum hum), des questions de luttes entre hommes peuvent interférer, on parle même de luttes intestines quand il s'agit de confrontations dans un même corps, genre socialiste. Martin Malvy et Alain Bénéteau furent en compétition avant les régionales de 1998 et les 9 000 militants socialistes de Midi-Pyrénées ont voté pour départager l'ancien ministre du Budget - député du Lot et le secrétaire fédéral du PS de Haute-Garonne.

Martin Malvy qualifié de « *fabiusien patenté dont on ne peut pas exclure qu'il cherche à nuire à Jospin* » et Alain Bénéteau d' « *enseignant rocardien raccroché par opportunisme aux branches du jospinisme.* » Selon un article de liberation.fr, donc sérieux.

Quand il quitta ses fonctions de 1er secrétaire fédéral, Alain Bénéteau déclara à leur *dépêche du midi* du 22 janvier 1999 « *Pendant trois ans, j'ai toujours constaté que, de manière larvée ou plus explicite, l'esprit de clans n'a pas quitté certains. Pour eux, la capacité de nuire et de destruction est plus forte que celle de construire. C'est une minorité agissante. Tant que le parti n'aura pas réglé cette question au fond, il continuera à s'affaiblir.*" (interview découverte sur internet, naturellement)

Un « *esprit de clans* » au Parti Socialiste ? Oh ! Dans un sketch, je m'étonnerais surtout de la présence de cet esprit ! (déformation professionnelle)

« *Aux élections de mars 2010, j'ai quitté à regret le conseil régional* » confesse Alain Bénéteau dans "*Les régions françaises au milieu du gué : Plaidoyer pour accéder à l'autre rive*", publié chez *l'Harmattan* et partiellement disponible sur books.google.fr. Publication qui devrait permettre à l'ancien président du CRL de postuler pour une prochaine bourse ?

Ternoise et Bénéteau sont dans un bateau, Malvy se promène

tranquillement sur la plage, que font Ternoise et Bénéteau ? Si j'ai le temps, j'essayerai de contacter le nouvel auteur, lui proposerai un dialogue sur l'édition.

Une pensée pour cette attachée de direction 2002, et son « *peut-être il y aura une autre politique qui va être mise en place...* » Quatre années s'étaient pourtant déjà écoulées depuis l'arrivée à la présidence de monsieur Malvy. A-t-il lui également, un jour, proclamé « *le changement, c'est maintenant* » ?

Avril 2011, communiqué de presse du CRL Midi-Pyrénées, par l'intermédiaire de monsieur Hervé Ferrage, son directeur.
Sobrement intitulé : "*LE NUMERIQUE ET LES MÉTIERS DU LIVRE*" ; la création d'un groupe de travail régional sur le livre numérique. Leur objectif : un livre blanc.
Intéressant ? Qui, dans ce groupe de travail ? Des « *professionnels du livre et de la lecture.* »

Deux membres de structures financées par la région Midi-Pyrénées : naturellement Hervé Ferrage, le directeur du CRL, dont l'approche pourrait ressembler à celle de Jean-Paul Lareng, directeur de l'ARDESI Toulouse (Ardesi, Agence Régionale pour le Développement de la Société de l'Information en Midi-Pyrénées, une association Loi 1901, créée et financée par la Région Midi-Pyrénées).

Quatre éditeurs : Patrick Abry, des *Editions Xiao Pan* de Figeac ; Marie-Françoise Dubois-Sacrispeyre, *Editions Erès* à Toulouse ; Philippe Terrancle, *Editions Privat* à Toulouse, et on peut classer Joël Faucilhon chez les éditeurs, étant donné qu'il représente *Lekti-ecriture* d'Albi (organisme qui rassemble 70 éditeurs indépendants selon leur site internet).

Trois libraires : Benoît Bougerol, président du Syndicat de la Libraire Française et directeur de *La Maison du Livre* de Rodez ; François-Xavier Schmitt, de *L'Autre Rive* à Toulouse ; Christian Thorel d'*Ombres Blanches* également de Toulouse.

Six représentants d'organismes publics au sens large : Michel

Fauchié, de la Médiathèque José Cabanis à Toulouse, chargé des technologies numériques ; Marie-Hélène Cambos, des archives départementales de la Haute Garonne ; Frédéric Bost-Naimo, de la Médiathèque de Colomiers, noté "*bibliothécaire du secteur Musique*" ; Karine de Fenoyl, de la Médiathèque Municipale d'Albi, aussi responsable du secteur Musique ; Jean-Noël Soumy, conseiller pour le livre à la DRAC ; Sandrine Malotaux, directrice SCD de l'Institut national polytechnique de Toulouse.

Et un auteur, Xavier Malbreil, qui a donc accepté d'être "notre" représentant face à ces gens qui n'écrivent pas.
Mais que les notables se rassurent, l'auteur n'est pas un de ces indépendants qui essayent de vivre de leur plume contre lobbies et préjugés, il enseigne, serait même critique d'art numérique et enseignant à l'université de Toulouse II-Le Mirail, auteur d'un livre intitulé *La Face cachée du Net*, publié en 2008 chez *Omniscience*. Cursus léger pour représenter les écrivains face à un tel cénacle mais sûrement suffisant pour le rôle du "bon auteur".

Observer la liste de ces "*professionnels du livre et de la lecture*" est suffisant pour connaître les grandes lignes du livre blanc qu'ils présenteront sûrement comme un document essentiel, remis à monsieur Martin Malvy et validé comme la nouvelle ligne directrice de la politique de la région en faveur du livre.

Ils peuvent même annuler leurs réunions et se contenter du communiqué de presse, des deux points : "*le numérique est devenu un enjeu central*" et "*les pratiques des lecteurs et leurs évolutions dicteront leur loi.*"
Certes, ils confessaient immédiatement leur a priori en écrivant : « *les libraires indépendants lancent leur portail de la librairie indépendante, 1001libraires.com, et défendent leur rôle indispensable de médiateurs.* »

En mai 2012, il était noté : « *D'ici l'été 2012, le groupe de travail proposera un ensemble de recommandations sous la forme d'un livre blanc du numérique* ». Sans même nous fournir quelques-unes des grandes recommandations qui ne manqueront pas de révolutionner le secteur ! Depuis, rien de visible !
Le Centre Régional des Lettres Midi-Pyrénées, selon sa

présentation officielle, se prétend au cœur de la politique du livre en région, « *plate-forme d'échanges, de débats et de partenariats entre acteurs de la chaîne du livre. Qu'il s'agisse de conseil, d'expertise, de financement ou de mise en réseau, le CRL accompagne auteurs, éditeurs, libraires et professionnels des établissements documentaires de la région Midi-Pyrénées dans leurs projets.* »

La page "*missions*" le prétend : « *à l'écoute de leurs préoccupations en un temps où la révolution numérique transforme en profondeur les métiers du livre.* »

Qu'entend le CRL par « *Soutenir la création et la chaîne du livre* » ?
La réalisation d'études et l'attribution d'aides « aux acteurs du livre. »

Qui sont ces acteurs du livre ?

« *- Auteurs : bourses d'écritures versées par le CRL pour favoriser la création littéraire en Midi-Pyrénées.*

*- Editeurs : présence à Vivons Livres ! Salon du livre Midi-Pyrénées, aides aux déplacements hors région (entre autres le Salon du livre de Paris), aides à la fabrication et à la traduction, toutes versées par la Région Midi-Pyrénées.*

*- Libraires : mise en place d'une politique d'aide à la librairie indépendante, financée majoritairement par la Région Midi-Pyrénées, avec le soutien de la DRAC.* »

Oui des librairies sont aidées avec de l'argent public, à l'heure où la numérisation, le changement de modèle économique, devrait être la préoccupation majeure.
Dans les **critères d'attribution des bourses d'écriture 2012** (9 bourses par an chacune d'un montant maximum de 8 200 €), les auteurs-éditeurs, même professionnels, sont exclus d'une phrase : « *l'auteur doit avoir publié au moins un livre à compte d'éditeur (sous forme imprimée).* »
Certes ne figure plus dans la rubrique "Sont exclus :" la phase

« *l'auto-édition (éditions à compte d'auteur et éditions à compte d'auteur pratiquées par un éditeur professionnel).* » Oui, le professionnalisme du CRL donna cette définition de l'auto-édition !

Encore fin 2011 début 2012, je suis reparti au combat (c'est fatiguant ! mais il le faut parfois pour présenter des faits concrets, des réponses). Il arrive un moment où le comportement de ces gens qui se gargarisent de soutenir la culture devient insupportable.

Le mardi 9 août 2011 à 13:00 j'écrivais à l'adresse mail spécifiée sur le site, à la responsable du dossier des bourses du CRL :

« Bonjour,

Dramaturge joué (France, Biélorussie, Madagascar et sûrement dans quelques autres pays de manière illégale, comme ce fut le cas en Biélorussie dans un festival organisé par l'ambassade de France)

Auteur de chansons chanté.

Romancier, essayiste, dont les livres sont lus. 14 livres en papier.

Citoyen lotois, donc de Midi-Pyrénées.

Auteur vivant modestement de sa plume en indépendant (auteur-éditeur, aucune subvention ni rsa...)

Je suis naturellement inscrit dans une démarche numérique, avec une 20taine d'ebooks distribués sur les plus grandes plateformes numériques.

Des auteurs bénéficient de subventions
http://www.crl-midipyrenees.fr/creation-et-vie-litteraires/aide-a-la-creation

Il est noté "au moins un ouvrage à compte d'éditeur."
Est-il indispensable de travailler pour des éditeurs subventionnés et membres du SNE pour proposer un dossier de candidature ?

Je suis déclaré en profession libérale, auteur-éditeur, avec numéro de siren et tva intracommunautaire.

Je suis donc un écrivain professionnel (http://www.ecrivain.pro) et j'aimerais connaître votre position, la position du CRL.

Amitiés
Stéphane Ternoise
http://www.ecrivain.pro »

Le jeudi 27 octobre 2011 à 09:22, en l'absence de toute réponse, j'écrivais de nouveau :

« Bonjour,

Surpris de ne pas avoir obtenu de réponse au mail du 9 octobre, cela me permet de préciser quelques évolutions encore plus positives depuis cette date :

Dramaturge joué (France, Biélorussie, Madagascar et sûrement dans quelques autres pays de manière illégale, comme ce fut le cas en Biélorussie dans un festival organisé par l'ambassade de France) désormais traduit en anglais et allemand (une pièce publiée et distribuée sur Itunes, Amazon, la Fnac... :
- Traduction Kate-Marie Glover The Teddy (Bear) Whispererhttp://librairie.immateriel.fr/fr/ebook/9782365410311/the-teddy-bear-whisperer
- Traduction Jeanne Meurtin Das Mädchen mit den 200 Schmusetieren
http://librairie.immateriel.fr/fr/ebook/9782365410342/das-m%C3%A4dchen-mit-den-200-schmusetieren)

Auteur de chansons chanté.

Romancier, essayiste, dont les livres sont lus. 14 livres en papier (http://www.ecrivain.pro).

Citoyen lotois, donc de Midi-Pyrénées.

Auteur vivant modestement de sa plume en indépendant (auteur-éditeur, aucune subvention ni rsa...)

Je suis naturellement inscrit dans une démarche numérique, avec une 40taine d'ebooks distribués sur les plus grandes plateformes numériques (vie mon edistributeur Immateriel).

Naturellement je soutiens le livre numérique et l'arrivée du Kindle fut une date essentielle pour les écrivains français.
Je suis même parfois classé dans le top 100 des ventes Amazon Kindle :
http://www.ecrivain.pro/top100amazon20111026.html (hé oui, bien devant des écrivains qui ont pourtant obtenu une bourse CRL les années précédentes...)

Bizarrement, quand le CRL a lancé une commission sur l'ebook, il ne m'a pas contacté alors qu'au moins dans la région je suis une référence du domaine...

Des auteurs bénéficient de subventions
http://www.crl-midipyrenees.fr/creation-et-vie-litteraires/aide-a-la-creation
Il est noté "au moins un ouvrage à compte d'éditeur."

Est-il indispensable de travailler pour des éditeurs subventionnés et membres du SNE pour proposer un dossier de candidature ?

Je suis déclaré en profession libérale, auteur-éditeur, avec numéro de siren et tva intracommunautaire.

Je suis donc un écrivain professionnel (http://www.ecrivain.pro) et j'aimerais connaître votre position, la position du CRL. Naturellement, je souhaite déposer un dossier de bourse du CRL et je serais choqué qu'un écrivain professionnel ne puisse y prétendre.

Amitiés
Stéphane Ternoise
http://www.ecrivain.pro »

À 10 heures 07 je recevais une confirmation de lecture et à 13:22, enfin une réponse :

« Bonjour,

Je vous prie de m'excuser mais je suis assez prise en ce moment par la préparation de notre salon du livre Vivons Livres !, qui se tiendra les 5 & 6 novembre à Toulouse et je n'instruirai les dossiers de demande de bourses qu'après cette date. Merci de votre compréhension

Vous pouvez me contacter d'ici une quinzaine de jours

Pour info je rappelle que :

Le Centre Régional des Lettres attribue des bourses d'écriture aux auteurs et aux illustrateurs dans le domaine de la création littéraire, des sciences et des sciences humaines au sens large, afin de leur permettre de libérer du temps pour mener à bien un projet d'écriture.

Pour solliciter une bourse d'écriture tout auteur doit remplir les conditions suivantes :

- Résider en région Midi-Pyrénées

- Avoir publié au moins un ouvrage en langue française, à compte d'éditeur, chez un ou des éditeurs assurant une diffusion et une distribution dans un ensemble significatif de librairies sur le territoire national.

- Etre auteur ou coauteur d'un ouvrage à part entière (ne sont pas considérées comme conditions suffisantes : illustrations de couverture, publications collectives ou en en revue)

Vous trouverez sur le site du CRL les modalités d'attribution. http://www.crl-midipyrenees.fr/creation-et-vie-litteraires/aide-a-la-creation/

Bien cordialement

Eunice Charasse
Chargée de la formation et de la vie littéraire
Centre Régional des Lettres Midi-Pyrénées
7, rue Alaric II
31000 TOULOUSE »

Il convient de noter « *une diffusion et une distribution dans un ensemble significatif de librairies sur le territoire national.* » Donc, selon le CRL, il n'existe aucun problème de diffusion du livre papier en France ! Les distributeurs et les libraires sont des gens adorables !
Je répondais quasi immédiatement, à 13:54 :

« Bonjour Eunice,

C'est justement la phrase
"Avoir publié au moins un ouvrage en langue française, à compte d'éditeur, chez un ou des éditeurs assurant une diffusion et une distribution dans un ensemble significatif de librairies sur le territoire national." qui peut poser un problème. Si elle est appliquée au pied de la lettre cette mesure est une intolérable distorsion de concurrence, sachant que je suis auteur-éditeur professionnel, que je pratique la vente directe des livres papier (14) depuis des années et l'ensemble des ebooks sont même mieux distribués que ceux édités chez Gallimard. Etant auteur-éditeur, correctement diffusé, je ne vois pas l'intérêt de travailler avec un éditeur versant des droits dérisoires, même en numérique.

Donc j'aimerais des précisions sur votre application de ce terme et votre avis sur ma condition d'auteur-éditeur en région Midi-Pyrénées, d'ailleurs non invité à votre salon du livre...

Amitiés

Stéphane Ternoise

http://www.ecrivain.pro »

Aucune réponse. La date limite fut donc franchie et cette personne payée par l'argent public n'a pas répondu à la question.
Surprise : le mercredi 4 janvier 2012, un message adressé à 6 adresses mails, dont la mienne, et deux Copies Conformes.

« Sujet : Bourse CRL

Bonjour,

Vous aviez émis le souhait de déposer un dossier de demande de bourse au CRL.

À ce jour je n'ai rien reçu.

Pouvez-vous me joindre pour en discuter SVP au 05 34 -- -- -- ?

Soit vous ne pouvez prétendre à cette bourse au vu des critères d'éligibilité

Soit vous m'avez envoyé le dossier mais il y a eu un problème de réception car je n'ai aucun dossier en ma possession

Merci de m'en informer

Cordialement et Très Belle Année à vous


Eunice Charasse
Chargée de la formation et de la vie littéraire
Centre Régional des Lettres Midi-Pyrénées
7, rue Alaric II
31000 TOULOUSE »

Je répondais ce mercredi 4 janvier 2012 à 12:24

« Bonjour Eunice,

Le problème, c'est votre absence de réponse aux questions soulevées en 2011.

En résumé : est-ce que le CRL Midi-Pyrénées mène une politique pro-installés ou a une démarche de soutien à la littérature ?
La phrase " Avoir publié au moins un ouvrage en langue française, à compte d'éditeur, chez un ou des éditeurs assurant une diffusion et une distribution dans un ensemble significatif de librairies sur le territoire national" peut poser problème, sachant que je suis mon

propre éditeur (professionnel). J'assure à mes écrits une large diffusion. Mon théâtre est joué en France et à l'étranger. Mes textes de chansons sont chantés. Mes romans sont lus.

Si vous suivez le développement des ebooks autrement que dans une vague commission où siègent des libraires et autres représentants de l'économie du livre verrouillée par Lagardère and Coe, vous connaissez sûrement certains de mes textes (parfois classés dans le Top 100 Amazon Kindle).

Est-il utile que je réalise un dossier ?

Meilleurs vœux littéraires 2012.

Amitiés

Stéphane Ternoise

http://www.ecrivain.pro »

**Confirmation de lecture parvenue le 04 à 12:56. Mais aucune réponse.**

Le jeudi 5 janvier 2012 09:16 :

« Bonjour Eunice,

Je note votre nouvelle absence de réponse.

J'ai bien noté que vous n'avez d'abord pas répondu à ma demande en septembre 2011 puis à la suivante. Vous avez attendu le passage de la date limite pour envoyer les dossiers...
Quelle est votre motivation ?

En exigeant un contrat en compte d'éditeur, vous êtes dans l'erreur et le savez ?
J'ai signé un contrat de distribution avec IMMATERIEL qui me permet d'être distribué comme Gallimard. Je suis considéré comme éditeur par l'administration fiscale et vous placez une discrimination sur mon statut en exigeant que je passe par un éditeur qui verse des droits d'auteur dérisoires.

Avec Immateriel, 60% du prix HT me revient. Si j'étais chez votre ami Lagardère, je ne serais même pas à 10%.

Naturellement, j'écrirai de nouveau sur ce sujet...

Amitiés
Stéphane Ternoise
http://www.ecrivain.pro »

Depuis : rien.

L'actuel Président du CRL se nomme Michel PEREZ. Il est joignable par mail au « secrétariat. » Deux messages, une réponse le mardi 22 janvier 2013 11:37 de madame Monique Godfrey, collaboratrice des élus du groupe Socialiste et Républicain, Région Midi-Pyrénées, directement interpellé dans le deuxième message. « *Monsieur Perez a un agenda assez chargé en ce début d'année, cela ne signifie pas qu'il ne s'intéresse pas aux problèmes qui lui sont soumis. Il est donc possible qu'il ait prévu de vous répondre mais qu'il n'ait pas pu le faire comme il le souhaite jusqu'à présent. Nous devons faire un point sur bon nombre de choses ce jeudi, je lui ferai part de vos interrogations.* »

Il est "naturellement" Conseiller régional. Retraité de l'Education Nationale, adjoint au maire de Saint Gaudens.
Comme à la même époque une lettre recommandée fut envoyée à monsieur Malvy, il est possible que le jeune président du CRL ne soit pas autorisé à me répondre (j'ignore le fonctionnement de ces structures ; faut-il demander une autorisation au grand chef quand déboule une question impertinente ?).

Le 4 mars 2013, relisant ce texte, je pensais convenable d'écrire une nouvelle bafouille destinée au CRL, par mail. Oui, certains ont droit aux recommandés pour d'autres je me contente du mail ! (analysez cette différence de traitement !)

Bonjour Madame Godfrey,

Suite à votre message du 22 janvier à 11 heures 37, et à votre point du 24 avec Monsieur Perez Michel, je constate, cinq semaines plus tard, l'absence de réponse du président du CRL. J'ai bien noté que M. Perez a *"un agenda assez chargé en ce début d'année"* et je vous confirme ne pas être membre du PS, pas même du PRG.

D'après les informations qui me sont parvenues, il semblerait qu'au sein du Conseil Régional, personne ne connaisse l'existence d'une profession libérale auteur-éditeur, ainsi déclarée à l'urssaf (N°SIREN ---------) et au service des impôts (déclaration contrôlée, BNC, avec même un numéro de TVA Intracommunautaire FR42--------- dans mon cas).

Il semblerait que le CRL, sûrement victime de notes de lobbies, pense financer les *"opérateurs les plus exposés"* et même les *"petites structures d'édition."* Monsieur Alain Bénéteau, en son temps de président du CRL, sembla pourtant prendre conscience du problème. Mais visiblement, l'information s'est perdue (vous vous souvenez sûrement de M. Bénéteau, qui a exprimé dans un livre ses regrets de ne plus participer à cette vénérable assemblée régionale).

J'aimerais donc simplement connaître les motivations de Monsieur Perez au sujet de cette discrimination dans la politique du CRL.

Pensez-vous, Monsieur Perez, comme moi et Emmanuel Todd, qui le résuma d'une phrase médiatisée « *la vérité de cette période n'est pas que l'État est impuissant, mais qu'il est au service de l'oligarchie* » ?

Pensez-vous, Monsieur Perez, qu'il faille attendre 2015 pour une prise en considération des réalités de notre région ? Ou êtes-vous ouvert à une remise en cause de la captation par des installés de l'argent public prétendu culturel ?

La révolution numérique est une formidable opportunité pour les écrivains, il est dommage que les élus se situent du côté des puissants plutôt que de soutenir les créateurs. Vous le pensez sûrement, Monsieur Perez. Mais il arrive un jour, quand on est aux responsabilités, où il faut oser s'attaquer aux privilèges pour mener une politique juste. Non ? Oui, je suis un citoyen plutôt de gauche !

Veuillez agréer, Madame Godfrey, Monsieur Perez, mes très respectueuses considérations.

Un avis de confirmation de lecture m'est parvenu dans la soirée.

Envoyé : lundi 4 mars 2013 16:13:46 (UTC+01:00) Bruxelles, Copenhague, Madrid, Paris
a été lu le lundi 4 mars 2013 21:16:41 (UTC+01:00) Bruxelles, Copenhague, Madrid, Paris.

[Début 2014 : rien. Monsieur Hervé Ferrage est parti semer la bonne parole culturelle à l'étranger (dans une structure visiblement également gloutonne d'argent public) et son successeur répondre peut-être un jour à mes deux premiers mails.]

### Bourses d'écriture 2013 : critères et modalités d'attribution

Le C.R.L peut attribuer une dizaine de bourses par an pour un montant maximum de 8 000 €, versées sur 6 mois.

Critères d'attribution :
- l'auteur doit résider en Midi-Pyrénées,
- l'auteur doit avoir publié au moins un livre à compte d'éditeur (sous forme imprimée),
- une période de trois ans doit s'écouler entre l'attribution de deux bourses du C.R.L. Midi-Pyrénées à un même auteur et l'ouvrage pour lequel la première bourse a été attribuée doit avoir été publié entre-temps,
- un auteur ne pourra se voir attribuer plusieurs aides publiques pour un même ouvrage.

La colombine... la fiente de pigeons, ici sur une planche, bien séchée... Longtemps elle fut un trésor local, un engrais très recherché, surtout pour la vigne.

## Le département du Lot

J'ai contacté, début 2012, Monsieur le 6ème vice-président, Monsieur Gérard Amigues, « Vous êtes chargé de la culture, du patrimoine et des usages informatiques, et qui plus est avez participé au livre *Archives de pierre les églises du Moyen âge dans le Lot*. Vous connaissez donc parfaitement le sujet sur lequel je me permets de vous questionner.

Ce livre *Archives de pierre les églises du Moyen âge dans le Lot*, qui semble intéressant dans sa présentation officielle, est spécifié "*fruit des six années d'inventaire et études scientifiques de l'architecture médiévale du département, menés depuis 2005 par le Conseil général du Lot et la Région Midi-Pyrénées dans le cadre de l'Inventaire général du patrimoine culturel, avec la collaboration de l'Université Toulouse-Le Mirail.*"

Ce livre est spécifié "*coécrit sous la direction de Nicolas Bru, conservateur des Antiquités et Objets d'Art, par Gilles Séraphin, architecte du Patrimoine, Maurice Scellès, conservateur en chef du Patrimoine, Virginie Czerniak, maître de conférences en histoire de l'art, Sylvie Decottignies, ingénieur d'études, et Gérard Amigues, vice-président du Conseil général.*"
J'ai aussi lu la page 25 de "Contact Lotois", entièrement dédiée à sa publicité.

Et pourtant, je n'en ai trouvé aucune version numérique gratuite.

Toute recherche payée avec l'argent public devrait désormais conduire à une publication gratuite en ebook. C'est la position défendue dans plusieurs de mes e-books. La considérez-vous scandaleuse ?

Gilles Séraphin, Virginie Czerniak, Sylvie Decottignies, semblent donc avoir été payés par leur employeur pour travailler sur cet ouvrage. Il est possible que vous considériez que votre participation ne participe pas de vos fonctions d'élu. Donc est-ce votre contribution qui empêche la mise à disposition gratuite de cet ouvrage collectif ?

Il me semble "surprenant" mais surtout anachronique, que le département offre aux éditions Silvana Editoriale (plus un imprimeur lotois ?) et aux libraires, la possibilité de se partager la majeure partie des 39 euros de cet ouvrage. Pas vous ?»

Sa réponse eut le grand mérite de la clarté : la « *publication a été confiée à un éditeur spécialisé, sous la forme d'un pré-achat lui assurant la viabilité économique du projet. Les auteurs ont été rémunérés dans le cadre de leurs fonctions générales pour les institutions qui les emploient, et non spécifiquement pour la rédaction de l'ouvrage : ils ont concédé leurs droits d'auteurs payants, ce qui a permis de baisser le prix de vente unitaire au profit de l'acheteur.* » Oui, monsieur Gérard Amigues a bien noté au profit de l'acheteur, et non de l'éditeur, et non des libraires. 39 euros, aucun droit d'auteur à payer, un pré-achat par le Conseil Général du Lot ! Un éditeur bien engraissé ! Et des libraires qui toucheront une rondelette somme ! J'ai naturellement essayé de continuer ce dialogue postal en lui signalant, le 20 juillet 2012, qu'il est infondé de prétendre « *sans garantie de pérennité dans le temps au regard d'évolutions technologiques permanentes pouvant rendre de tels supports rapidement obsolètes* » au sujet des ebooks. La première partie de sa phrase contenant aussi un élément contestable « *il n'a pas été envisagé de développer de version ebook de l'ouvrage, dans la mesure où cela aurait engendré un coût de développement plus important pour les deux collectivité partenaires* », je lui ai donc appris qu'il suffit de quelques heures (pour la gestion des tables) pour transformer un document word ou works en ebook, à comparer aux "*six années d'inventaire et études.*" Malheureusement, il semble que le dialogue soit interrompu !

Profitant de la relecture de la Saint Casimir, me sentant en verve après la bafouille à monsieur Perez, j'ai pensé qu'une pathétique longue lettre en recommandé susciterait peut-être une risible réponse ! Oui, je doute que monsieur Amigues prenne son bâton de justicier pour transformer la politique du CRL. Go ! Je pense inévitable les redites avec d'autres lettres ! Vive le copier coller... l'essentiel étant de les titiller au point qu'ils concèdent des réponses dont l'histoire (après les lectrices et lecteurs de mes livres) se chargera du jugement.

**Monsieur Gérard AMIGUES**
**6ème vice-président,**
Conseil général du Lot
Avenue de l'Europe - Regourd
BP 291
46005 Cahors cedex 9


Montcuq le 4 mars 2013

Monsieur le 6ème vice-président,

D'après les informations collectées, il semblerait qu'au sein du CRL Midi-Pyrénées, où vous siégez, nul ne connaisse vraiment l'existence d'une profession libérale auteur-éditeur, ainsi déclarée à l'urssaf (N°SIREN ---------) et au service des impôts (déclaration contrôlée, BNC, avec même un numéro de TVA Intracommunautaire FR42--------- dans mon cas). L'édition, ce serait soit du compte d'éditeur soit le compte d'auteur. L'indépendance n'existe pas (ou doit être assimilée au compte d'auteur ?).

Connaître vraiment serait respecter. Non ?

L'auto-édition (autre appellation pour l'administratif auteur-éditeur) est une vraie profession. J'en suis même l'un des symboles au niveau national, auteur du "*manifeste de l'auto-édition.*" Madame Aurélie Filippetti, ès ministre de la Culture, écrivait d'ailleurs récemment « *l'auto-édition est riche de promesses.* » Mon combat pour sa reconnaissance passe donc par la dénonciation de votre position, de votre politique.

Vivant depuis 1996 dans le Lot, vous auriez pu devenir, Monsieur Amigues, un interlocuteur privilégié de mon activité artistique. Les portes de l'Adda me furent fermées d'une manière peu élégante. Aucune manifestation d'envergure ne sembla intéressée par ma présence. Vous préférez financer d'autres domaines, de la librairie aux éditeurs en passant par le passé.
14 livres en papier, une soixantaine d'ebooks, 12 pièces de théâtre, 3 albums d'auteur (interprétés par une vingtaine d'artistes),

quelques centaines de photos publiées et pourtant des revenus très faibles.

Mon indépendance a semblé vous déplaire ! Le Lot, terre des clans, n'aime pas les indépendants ?
Je vais donc quitter le Lot, quitter la France.

Mes revenus littéraires me permettent d'envisager des conditions de vie décentes uniquement dans un pays d'Afrique francophone.

Depuis des années, je tiens en vivant de peu, sous le seuil de pauvreté, en travailleur indépendant, une modeste profession libérale. Je paye mes charges Urssaf, rsi... et il arrive un moment où il devient impossible de vivre avec encore moins.

Vous siégez au CRL, vous êtes donc également responsable de l'exclusion des écrivains indépendants des bourses d'auteur. Oui, avec 8000 euros je passais ce tunnel. Mais mon dossier n'est pas recevable : je suis un travailleur indépendant, une profession libérale. Pour avoir lu quelques confrères qui ont bénéficié de ces aides, je peux pourtant vous assurer que mes écrits ne sont pas forcément inférieurs ! Naturellement, je poserai publiquement et politiquement la question de la constitutionnalité d'une telle discrimination. D'ici ou d'ailleurs.

Pensez-vous, Monsieur Amigues, comme Emmanuel Todd, qui le résuma d'une phrase médiatisée « *la vérité de cette période n'est pas que l'État est impuissant, mais qu'il est au service de l'oligarchie* » ? (www.oligarchie.fr approuve naturellement !)

Les plus riches quittent la France car ils ne se considèrent redevable de rien et les plus pauvres ne peuvent plus vivre dans ce pays où l'argent de la culture est siphonné par des installés et des structures. L'échec moral de la gauche se situe également dans ce constat.

Je continuerai donc d'écrire ailleurs (sauf naturellement si mes dernières publications, que je lance ces jours-ci dans une perspective stendhalienne de loterie, principalement l'essai racontant mes difficultés, et mon sixième roman, me permettent de rester ! c'est le côté merveilleux de l'aventure, presque tout reste possible jusqu'au mot fin, même si un tel happy end semble improbable), j'abandonnerai ainsi le projet de présenter les 340 communes du Lot en photos (je vais naturellement publier de manière symbolique, avec explications, Figeac et Limogne ; non il ne s'agit pas d'une demande de préface ; je m'en chargerai !)

La révolution numérique viendra également dans l'édition, Monsieur Amigues. Vous préférez écouter et soutenir les doléances des installés mais heureusement Amazon, Kobo, Itunes, Barnes & Noble et même Google parviendront à déchirer ce cordon de subventions et préjugés qui fige la création en France. Non, monsieur Amigues, la création ce n'est pas de l'animation sponsorisée par la *dépêche du midi !* Nous ne sommes pas au service des municipalités, départements, régions, notre perspective est historique.

L'Histoire jugera sévèrement celles et ceux qui ont servi les intérêts des installés au détriment de la Culture. Il en fut toujours ainsi mais la grande différence, c'est l'accélération : ils étaient morts depuis bien longtemps, les politiques, quand l'opinion publique s'apercevait enfin de leurs erreurs. Si vous aviez lu mes écrits depuis l'an 2000, vous sauriez qu'ils contenaient déjà ces analyses, dont le résumé rapide ne doit pas vous permettre de les écarter d'un sourire.

Mon problème est de tenir jusqu'en 2015. Il n'y a pas de place dans ce département pour un écrivain indépendant, OK, j'en prends note, monsieur le vice-président chargé de la culture. Il était donc normal que je vous écrive cette lettre. Avec la prétention de penser qu'elle restera.

Veuillez agréer, monsieur le 6ème vice-président, mes respectueuses salutations.

P.S. : j'ai bien noté votre absence de réponse à ma lettre du 20 juillet 2012.

[Ma lettre du 20 juillet 2012, il m'a répondu ne pas l'avoir reçue et joua au grand homme daignant apporter missive de politesse à une lettre outrageante… des banalités sans intérêt mais significatives du niveau amiguien ; début 2014, un nouveau direct est parti…]

## Échange avec monsieur Malvy Martin et autres explications

**M. Malvy Martin, Président du Conseil Régional**
CONSEIL REGIONAL MIDI-PYRENEES
22, boulevard du Maréchal-Juin
31406 Toulouse Cedex 9

Montcuq le 16 janvier 2013

Monsieur Martin Malvy,
Monsieur le Président de la Région Midi-Pyrénées où je vis depuis 1996,
Monsieur le Président d'une communauté de commune du département où j'ai choisi de vivre,

Je pense avoir écrit quelques textes corrects, et faire correctement mon boulot d'écrivain, mériter ainsi un minimum de respect. Romans, essais, pièces de théâtre (certaines traduites en anglais et allemand), textes de chansons. Mes photos intéressent également, un peu.

Pourtant, quand je lis vos modalités d'attribution des bourses du CRL, je me sens insulté. Minable, l'écrivain indépendant qui souhaite vivre en modeste artisan de la plume, sans passer par les grandes fortunes de France, Gallimard, Lagardère, Esménard ou de La Martinière ? Minable, que d'être une profession libérale, auteur-éditeur ?

Vous avez choisi de mener une politique de soutien aux écrivains inféodés à ces groupes et aux libraires, qui vendent les produits de ces industriels de l'édition (« *industrie culturelle* » selon l'expression de madame la ministre Aurélie Filippetti devant le SNE). Est-ce cela être de gauche au vingt-et-unième siècle ? Pouvez-vous prétendre que la plume des bénéficiaires de ces 8200 euros ait produit des œuvres d'un intérêt supérieur à la mienne et qu'ils méritaient plus que moi un soutien ? Nous les indépendants, sommes des minables ? (j'utilise ce "nous" ès auteur du « *manifeste de l'auto-édition* »)

Vous n'avez pas l'impression que la petite phrase d'exclusion des écrivains professionnels, en profession libérale auteur-éditeur, témoigne d'une politique soumise aux oligarchies, à cette appropriation de la culture par des industriels ? (Emmanuel Todd semble rejoindre mes vieilles analyses, quand il écrit « *la vérité de cette période n'est pas que l'État est impuissant, mais qu'il est au service de l'oligarchie* »)

Vous ne mesurez pas les conséquences sociales et humaines d'une telle politique ?

Depuis plus d'une décennie, j'essaye de demander une approche respectueuse des écrivains indépendants. Votre ami monsieur Alain Bénéteau, m'accorda en son temps de président du CRL, une formule que vous trouverez peut-être également jolie « *nous ne pouvons probablement pas rester sur une situation non évolutive.* » En dix ans, seul le vocabulaire de rejet des indépendants fut modifié [dans votre "*Sont exclus :*" figura la phrase "- *l'auto-édition (éditions à compte d'auteur et éditions à compte d'auteur pratiquées par un éditeur professionnel)*"] J'ai également en vain interpellé monsieur Gérard Amigues, représentant lotois au CRL.

Depuis plus d'une décennie, je vis de peu, le plus souvent sous le seuil de pauvreté. 2013 est financièrement intenable. Ce soutien du CRL représentait mon unique espoir de tenir. Quitter la France devient donc financièrement impératif. Vous vous en réjouirez peut-être. Puisque vous n'avez jamais daigné répondre directement à mes critiques. Mais il fut un temps où notre pays représentait une terre d'espoir et pour continuer d'écrire, vivre de mes ventes, je ne vois d'autre solution que l'exil, en Afrique.

Le "système des installés" a donc gagné : un écrivain qui ne se soumet pas aux oligarchies doit abandonner. C'est peut-être cette petite phrase sur les écrivains indépendants que retiendront de votre passage sur terre les générations futures. Être écrivain et vivre à la campagne, modestement, représentait un choix de vie (à 23 ans j'étais cadre dans une grande entreprise, bien que je sois né dans un milieu agricole, sans relations). Ecrivain et campagne, deux voies inacceptables ? Exemple pour la campagne, Alsatis, qui nous fut présenté, imposé, offert (les qualificatifs divergent), ce "haut débit" de campagne, ainsi noté sur un contrat spécifiant un débit maximum montant à 128 kbps.

Je n'étais pas retourné à Figeac depuis le 27 avril 1998, votre fête du livre où il m'avait fallu payer 80 francs pour obtenir un "strapontin". J'en ai fait une pièce de théâtre qui je l'espère nous survivra. Lundi 7 janvier 2013, j'ai photographié cette ville. Ce sera, symboliquement, sûrement une de mes dernières publications avant l'exil.

Je n'ai jamais participé (14 livres en papier publié, une cinquantaine d'ebooks) au "*Salon du livre de Toulouse Midi-Pyrénées*" organisé par le CRL. « *Votre qualité d'auteur-éditeur ne nous permet pas de vous intégrer à ce Salon, qui est limité aux éditeurs professionnels de Midi-Pyrénées* » me répondait sa directrice en 1998, Laurence Simon. L'exclusion fut totale. J'ignore si d'autres professions ont eu autant à souffrir de la politique régionale durant vos mandats mais vous ne nous avez rien épargné.

Oui, monsieur Malvy Martin, j'ai essayé une autre voie, car j'ai refusé un système qui confisque 90% des revenus des livres. Ces librairies que votre politique a soutenu, savez-vous qu'elles ont accepté la gestion mise en place par des distributeurs créés par "nos grands éditeurs" (naturellement, vous n'avez "sûrement" pas lu "*écrivains réveillez-vous !*")

En agitant devant le nez des écrivains qui acceptent ce système inique (n'entendez-vous jamais les protestations d'écrivains qui acceptent ce chemin mais ne parviennent pas à en vivre, même à être certains des chiffres de ventes ?) des bourses de 8000 euros (chiffre 2013), vous participez à la pérennité de ce système. Sommes-nous des ânes, monsieur Martin Malvy, pour que l'on nous (les écrivains) promène ainsi ?
Le livre numérique est une chance pour les écrivains. Mais ai-je été invité à participer au groupe de travail régional interprofessionnel sur le livre numérique "*LE NUMERIQUE ET LES MÉTIERS DU LIVRE*" ? La composition de ce groupe est significative des résultats qui souhaitaient être obtenus. Le livre numérique, oui, à condition qu'il soit contrôlé par les "éditeurs traditionnels" et permettent aux libraires de continuer à vivre de ce commerce ?
Naturellement, je suis écrivain et comme Stendhal le plaçait dans

la postérité, je vais lancer un dernier billet de loterie dans le monde numérique, en racontant, tout simplement, cette lutte pour vivre debout, cet échec face à votre politique (ce "votre" englobe naturellement vos collègues mais je suis arrivé dans le Lot en 1996, deux ans avant votre élection à la tête du Conseil Régional donc nous aurez marqué ma période lotoise, il est donc normal que votre présidence soit abordée).

Même si, contrairement à madame Danielle Mitterrand et de nombreux membres du PS, je n'ai jamais eu de sympathie pour Fidel Castro, en ce début d'année, j'éprouve pour monsieur Gérard Depardieu une grande tendresse. Comme lui, je suis un être libre, Monsieur, et je sais rester poli.

Veuillez agréer, monsieur le Président de Région, mes très respectueuses considérations.

Stéphane Ternoise
http://www.ecrivain.pro

http://www.romancier.net
http://www.dramaturge.net
http://www.essayiste.net

## Allusion au recommandé du conseil du Conseil Régional...

Dans la « lettre recommandée à monsieur Martin Malvy », a-t-il compris le « *puisque vous n'avez jamais daigné répondre directement à mes critiques* » comme une allusion au recommandé de mars 2010 envoyé par le conseil du Conseil Régional ?
Naturellement, il n'y a peut-être aucun lien entre les deux « affaires » mais en mars 2010, l'avocat du Conseil Régional m'envoya une lettre recommandée pour m'interdire d'afficher le logo du conseil régional sur conseil-regional.info, portail essayant d'observer les politiques régionales... Interdiction au nom de la contrefaçon alors qu'une recherche dans google.fr versant images de « logo région midi pyrénées » génère le 6 janvier 2013 plusieurs pages de réponses, alors qu'aucune des autres régions n'a mandaté d'avocat ni même envoyé de message pour s'opposer à la reproduction de son logo.
Peut-être qu'aucun lien n'existe entre mes critiques de la politique

de monsieur Martin Malvy et ce recommandé ! Je me demande néanmoins s'il ne s'agit pas d'une manière de me rappeler qu'on ne conteste pas sans conséquence un président de région de la qualité de l'ancien maire de Figeac.

## Des pressions sur les écrits d'un auteur indépendant

Le premier qui dit la vérité... Certes, il ne s'agit pas de prétendre que tout écrit doit être accepté, j'ai moi également dû ester en justice contre une diffamation, condamnée par le TGI de Paris, à 1200 euros en 2012. Mais il s'agit de pouvoir analyser la politique et les propositions commerciales.

Fin 2006, le directeur de la diffusion d'une société pratiquant l'édition à compte d'auteur a exigé la suppression d'une page du site auto-edition.com et d'une sur lewebzinegratuit.com !

Il me menaça : « *un courrier d'avocat. Première phase d'une procédure qui pourra aller plus loin.* »
Le 26 juin 2007 j'ai été assigné au Tribunal de Grande Instance de Paris, par cette société, qui réclama 360 000 euros de préjudice.

Juin et juillet 2007 furent des mois difficiles : on me considérait comme un futur condamné : je n'y connaissais rien à ce monde judiciaire.
Je n'avais jamais eu à rechercher les services d'un avocat.
Mais je ne pouvais pas retirer ces pages écrites en 2002 !

Trouver un avocat connaissant bien le fonctionnement de la 17eme chambre Presse-civile du Tribunal de Grande Instance de Paris était nécessaire...
Le 7 septembre 2009, le jugement a été rendu par cette 17eme chambre Presse-civile du Tribunal de Grande Instance.
Le Tribunal a prononcé l'annulation de l'assignation.
Le procès verbal de signification ayant été remis par huissier le 13 janvier 2010 à la société, le délai d'appel étant d'un mois, il m'a fallu attendre le 13 février 2010.
Presque trois années de pression. Les pages n'ont pas été modifiées, constituent l'historique des sites.

Les 14 et 21 mars 2010 se sont déroulées les élections régionales.
J'ai essayé, en vain, dans la région, d'alerter sur la politique du CRL.

Quelques contacts avec des opposants à monsieur Martin Malvy. Mais rien qui laissa espérer une vraie rupture en cas de changement de majorité.

L'histoire récente retient qu'il fut confortablement réélu.

L'Histoire retiendra-t-elle que le 17 février 2010 (soit quatre jours après la certitude d'absence d'appel de la société qui souhaitait ma condamnation à 360 000 euros de préjudice !) fut écrit à Toulouse, par un avocat d'une société civile professionnelle d'avocat, un courrier destiné, en lettre recommandée, à Stéphane Ternoise.

Je ne l'ai réceptionnée à la poste de Montcuq que le 16 mars 2010.

*Monsieur,*

*Je vous écris en ma qualité de Conseil de la Région Midi-Pyrénées.*

*Ma cliente m'a fait part des conditions dans lesquelles vous exploitez un site internet à l'adresse "conseil-regional.info" dans lequel vous utilisez sans son accord la marque et le logo de la Région Midi-Pyrénées.*

*Cette utilisation sans l'accord de ma cliente de sa marque protégée est constitutive d'un acte de contrefaçon au sens notamment des articles L.713-2 et L.713-3 du Code de la propriété intellectuelle ; les sanctions pénales étant précisées par les articles L.716-9 à L.716-14 du même Code.*

*Je vous mets par conséquent officiellement en demeure de cesser immédiatement d'utiliser cette marque et de la retirer dès réception de la présente de votre site internet.*

*Je vous précise qu'à défaut de réaction par retour, j'ai reçu instruction d'engager toute procédure visant à la sauvegarde des droits de ma cliente.*

*(...)*

Il me priait de croire en ses sentiments distingués.

Le site http://www.conseil-regional.info contenait le logo de chacune des régions françaises.

J'ai remplacé celui de ma région par un carré blanc entouré de noir, avec noté en rouge "Midi-Pyrénées" et en noir "Logo Interdit". Et une explication. Si le logo est effectivement la propriété de la région, l'interdiction du nom de *"la marque"* pouvait sembler signifier l'interdiction d'utiliser le nom *"région Midi-Pyrénées."* Mais alors, comment nommer cette région ? La malvynie ? Ou plutôt la Baylonnie ?

La région et l'avocat ont semblé satisfaits car ils n'ont pas poursuivi ! Mais je ne suis pas parvenu à populariser cette information...

Exigence de retrait pour "contrefaçon"... sachant que désormais les voitures de la région possèdent sur leur plaque minéralogique ce logo, sachant que ce logo se trouve sur de nombreux sites (dont wikipedia...), cet avocat aurait dû, en toute logique, œuvrer à la disparition du logo, toujours abondamment repris trois ans plus tard ! Etais-je donc directement visé ? Est-ce plutôt mes informations qui dérangeaient ? Mais naturellement, il est peut-être difficile pour une région dirigée par un ancien journaliste (qui plus est dans ce très grand quotidien régional qu'est la *dépêche du midi*) de demander à un avocat d'attaquer des articles argumentés et non diffamatoires. Car naturellement, les faits sont suffisamment éloquents pour que leur simple énumération puisse embêter ! Malheureusement, il semble que notre époque aurait peut-être regardé mes écrits s'ils avaient contenu de la diffamation mais une information dans ce domaine de l'édition ne semble pas vraiment intéresser. Trop de situations acquises en jeu ?

Entre temps, en 2008, j'avais reçu une autre lettre recommandée d'avocat, datée du 15 avril, également à Toulouse, dossier Richard Seff et Francis Cabrel.

Parfois l'envie me vient de ressortir du Coluche, comme dans "*les discours en disent long*" où il balançait « *si la Gestapo avait les moyens de vous faire parler, les politiciens d'aujourd'hui ont les moyens de vous faire taire* » mais je me retiens car nous sommes au vingt-et-unième siècle et les femmes et les hommes politiques de ce pays sont très attachés à la liberté d'expression.

## La réponse "de" monsieur Malvy

Joël Neyen
Directeur Général des Services

Toulouse, le 11 FEV. 2013 (en dessous, du blanco masque le cachet de la date à l'envers)

Objet : VOTRE COURRIER DU 16 JANVIER

Monsieur,

Votre courrier visé en objet, et relatif à l'analyse que vous faites des différentes modalités de soutien à l'écriture et à l'édition en région, a retenu toute l'attention de Monsieur Martin Malvy, Président du Conseil Régional de Midi-Pyrénées.

À sa demande, je vous apporte les précisions suivantes. Dans le contexte fragilisé de la filière du livre et de la lecture, sur laquelle pèse plus que jamais les impondérables liés aux mutations induites par les nouvelles technologies et notamment, la perspective de l'émergence du livre numérique, la Région a choisi de concentrer son intervention en faveur des opérateurs les plus exposés, petites structures d'édition et librairies notamment, afin de conforter les conditions de leur activité en Midi-Pyrénées [remarque Ternoise : finalement, quel beau paragraphe, qui expose le conservatisme, la mise au service des installés de la puissance des services publics de la région, contre la possibilité d'une transformation ; pas un mot sur les écrivains : « petites structures d'édition et librairies »]

Cette décision est le fruit d'une concertation élargie entre les opérateurs professionnels concernés, le Ministère de la culture, le Centre Régional des Lettres et la Région, et prend en compte tant la viabilité économique de la filière que la qualité de sa production. [remarque Ternoise : il suffit de réunir des gens qui ont les mêmes intérêts, d'ignorer les autres, pour prétendre s'être concerté. Quant à la viabilité économique et la qualité de la production, je pense

89

avoir exposé de manière éloquente pourquoi je me retrouve en situation de "faillite" sans que la qualité puisse être démontrée inférieure à celle des auteurs aidés.]

Dans ce contexte, des choix doivent être opérés entre les multiples demandes qui sont présentées à la Région, qui bénéficie pour cela de l'assistance d'un comité d'experts professionnels. Plus d'une centaine d'ouvrages sont ainsi soutenus chaque année. [remarque Ternoise : « un comité d'experts professionnels », sans écrivain indépendant, naturellement. De quels pouvoirs magiques sont dotés ces experts pour me juger sans m'avoir lu ?]

La publication à compte d'auteur est exclue, pour sa part, de ce système, car elle revient à la commande directe d'un auteur à l'éditeur, ce qui élude l'engagement personnel de l'éditeur en faveur du projet. Seules sont donc recevables les publications à compte d'éditeur. [remarque Ternoise : il semble donc que l'existence de la profession libérale auteur-éditeur soit niée, elle ne peut quand même pas être assimilée à du compte d'auteur par des hommes aussi compétents. Il existe donc deux voies : compte d'auteur ou compte d'éditeur… exit la profession libérale…]

Dans la mesure du possible, la plus grande promotion est faite aux auteurs et éditeurs dans le cadre du Salon du livre "Vivons livres", organisé chaque année au moins de novembre. [remarque Ternoise : "vivons livres", mais surtout pas libres ! Un écrivain doit se soumettre à la filière...]

Enfin, des bourses d'écritures sont attribuées, chaque année, pour valoriser le travail des auteurs de la région et contribuer à la promotion des œuvres littéraires. [remarque Ternoise : la lettre portait bien sur ce sujet. Mais l'absence de réponse pour les travailleurs indépendants est flagrante !]

Ainsi que vous le voyez, différents protocoles d'intervention sont à l'œuvre, en faveur de la filière du livre, qui bénéficient, au premier chef, aux structures les plus fragiles. [remarque Ternoise : faux monsieur, les structures les plus fragiles sont les travailleurs indépendants et vos protocoles d'intervention sont des protocoles d'exclusions à leur égard.]

Je vous prie de croire, Monsieur, à l'assurance de mes sentiments distingués. [remarque Ternoise : j'en doute !]

Signature
Joël NEYEN

[remarque Ternoise : chacun, en relisant ma lettre du 16 janvier et cette réponse peut conclure sur le degré de pertinence de l'argumentaire. Il me passe par la tête une phrase qui n'a sûrement aucun rapport :
« *Vous venez avec vos questions, je viens avec mes réponses...* » et j'entends la voix de Georges Marchais...]


**Seconde lettre**


**M. Malvy Martin, Président du Conseil Régional**
CONSEIL REGIONAL MIDI-PYRENEES
22, boulevard du Maréchal-Juin
31406 Toulouse Cedex 9

Montcuq le 24 février 2013


Vos Réf : ----/AR/--- - --------

Monsieur le Président de la Région Midi-Pyrénées,

Vous avez considéré M. Joël NEYEN, directeur Général des Services, comme le plus apte à répondre à mon courrier du 16 janvier 2013. Il précise bien qu'il s'agit d'une réponse suite à votre demande. Je me permets donc de considérer que les réponses vous engagent. Peut-être êtes-vous mal conseillé, victime des notes d'un puissant lobby. Je sais bien que nul ne peut connaître l'ensemble des activités d'une société.

Donc, M. Martin Malvy, à l'approche du quinzième anniversaire de votre entrée à la présidence de notre région, le jour de vos 77 ans, vous ignorez toujours qu'il existe une profession libérale auteur-éditeur, ainsi déclarée à l'urssaf (N°SIREN ---------) et au service des impôts (déclaration contrôlée, BNC, avec même un numéro de TVA Intracommunautaire FR42---------).

Vous répondez pour justifier vos financements "*en faveur des opérateurs les plus exposés*" mais il est apocryphe de prétendre que vous intervenez pour soutenir les "*petites structures d'édition.*" (l'auteur-éditeur étant la structure de base de l'édition indépendante)
Vous répondez pour justifier votre exclusion des aides de la publication à compte d'auteur. Ce qui n'est pas le sujet ! Qui plus est, vous devriez connaître ma position sur le sujet (affaire au TGI de Paris quand une société pratiquant le compte d'auteur m'y a assigné pour essayer de faire disparaître de mes sites mes analyses). Quant à "votre" salon du livre, il se caractérise par l'exclusion des auteurs indépendants.
Mais pas un mot sur la profession que j'exerce, auteur-éditeur, en travailleur indépendant, profession libérale, qui constituait pourtant le cœur de mon questionnement dans ma lettre du 16 janvier 2013.

Pas un mot non plus sur les conditions de travail consécutives à l'absence de connexion Internet à une vitesse correcte dans les campagnes de la région (en un mot : alsatis).

Vous avez tort, monsieur Martin Malvy, de vous placer du côté des installés contre les écrivains indépendants. L'auto-édition est une vraie profession. J'en suis même l'un des symboles au niveau national, auteur du "*manifeste de l'auto-édition.*" Madame Aurélie Filippetti, ès ministre de la Culture, écrivait d'ailleurs récemment « *l'auto-édition est riche de promesses.* » Mon combat pour sa reconnaissance passe donc par la dénonciation de votre position, de votre politique (j'ai bien noté l'absence de réponse du président du CRL, M. Michel Perez).

J'aimerais donc une vraie réponse, où vous n'assimileriez pas l'auto-édition (terme usuel pour la profession libérale auteur-éditeur) au compte d'auteur (défini par l'article L132-2 du CPI et régi par la convention, les usages et les dispositions des articles 1787 et suivants du code civil).

Je ne vois pas d'autre résumé à votre réponse que de considérer que vous avez assimilé une profession libérale indépendante à la pratique du compte d'auteur, activité sur laquelle nous semblons d'accord pour conclure qu'elle ne peut pas mener à une professionnalisation mais dont la définition semble erronée chez vous.

Veuillez agréer, monsieur le Président de Région, mes très respectueuses considérations.

Stéphane Ternoise - http://www.ecrivain.pro

Cette lettre fut réceptionnée le 28 février 2013 par le secrétariat général Région Midi-Pyrénées.
M. Malvy Martin est bien né le 24 février 1936. Comme moi, il n'est pas né dans le Lot. Lui, à Paris.

## Question de constitutionnalité de la politique de M. Martin Malvy

Je pose la question. Avec l'espoir qu'un juriste s'en saisisse.

Est-il conforme à la Constitution, au principe d'égalité des citoyens, de rendre certains écrivains inéligibles aux bourses publiques, au motif qu'ils sont travailleurs indépendants, immatriculés en profession libérale, et non inféodés à un "éditeur traditionnel" par un "contrat d'édition à compte d'éditeur" ?

Puisse cette question ouvrir un débat sur la politique du Centre Régional des Lettres Midi-Pyrénées, un débat refusé par M. Martin Malvy depuis 1998.

Cette discrimination d'une profession libérale est-elle, d'autre part, socialement juste ? Avis de politiques bienvenus.

## Vendre de la merde de Montcuq, en boîtes ?

En 2014, aux municipales, aux moins deux listes s'affronteront à Montcuq. Après le deuxième adjoint, le premier a annoncé son intention de conduire une liste, finalement il la laissera à un concitoyen et repart dans l'intention d'être adjoint.
Le maire du "jeu des 1000 euros" s'éclipse.

J'ignore les programmes. Étant donné l'état du pays, la mentalité des médias, le candidat osant lancer l'idée de commercialiser la merde de Montcuq, pourrait l'emporter !
Quelle rentrée d'argent pour une commune d'environ 1200 habitants qui ne parviendront peut-être pas à satisfaire la demande.
Car le label Montcuq semble faire vendre, sauf naturellement la littérature.
10 ans après sa création, la bibliothèque locale n'a toujours pas acheté l'un de mes livres. Six romans, vingt pièces de théâtre, des traductions en anglais, allemand, espagnol.
Peut-être qu'un livre de merde leur conviendrait.

Il reste quelques agriculteurs dans le coin. Même des vaches, moutons, chevaux, poules, pigeons.
Plutôt que de vendre du lait, vendez la merde de vos vaches.
Nul doute qu'un gentil gars passé par des écoles de marketing ou de commerce pourrait conseiller cette diversification à un "bouseux", si l'une des têtes de liste porte le projet de vendre la merde municipale.
Que de ressources en perspectives ! Et nul doute que 80 % de ses 36 000 collègues relayeraient le projet.
La France a de la merde, il faut bien qu'elle ait des idées merdiques, face à une oligarchie ayant confisqué l'indépendance.

Il appartiendrait à l'intercommunalité de Montcuq-Castelnau-Montratier de proposer aux autorités compétentes la délimitation AOC merde de Montcuq. Qui peut vendre de la merde de Montcuq ?
Uniquement la municipalité ?
Uniquement Stéphane Ternoise, qui abandonnerait la littérature pour la merde ?

Un site pour cette nouvelle approche :
http://www.lamerdedemontcuq.com

Daniel Maury (PRG) vivant, aucun de mes livres n'est entré à la bibliothèque de Montcuq. Guy Lagarde fut élu sur sa liste en 2008. Il en fut le premier adjoint, il lui a succédé dès le 15 décembre 2008. Ce livre me permet donc de saluer l'ensemble du conseil municipal. J'avais créé le concept de « petite Maurytannie » qui semble m'avoir valu quelques inimitiés ! Ces gens-là ne peuvent sûrement pas comprendre qu'un écrivain ne s'agenouille pas... alors que tout est organisé pour qu'il vive couché...

### De l'air à la merde...

2013... encore une belle année pour Montcuq in médias. Certes, il ne s'est pas agi de présenter la onzième édition du Prix littéraire Salon du Livre du net (http://www.salondulivre.net).

Selon *Le Point.fr* du 15 décembre 2013 : « *Il fait fortune en vendant de "l'air de Montcuq"* », *avec de belles explications de l'hebdomadaire sérieux :* « *"Je viens de dépasser les 2 000 boîtes expédiées. Tout s'est accéléré lors des trois dernières semaines."* (...) *Sans faire de bruit, Montcuq lui a permis d'amasser 15 000 euros de chiffre d'affaires, et 60 % de marge sur chaque boîte. (...) Qui sait, les récipients auront peut-être un jour autant de valeur que les boîtes de "Merde d'artiste" de Piero Manzoni... »*
L'honneur est préservé : une référence artistique. Justement de la merde !

Selon ladepeche.fr du 6 janvier 2014 : « *Né à Cahors en 1991, il a habité sept ans à Montcuq. Et a eu l'idée de commercialiser l'air du village. Il y retrouve ses parents et ses fameuses boîtes, dont 3 000 exemplaires ont déjà été vendues.*
*(...)*
*- Quid des ventes ?*
*- Ça marche bien. Je fais 60 % de marge et à 5 € la boîte, je dois en être à près de 9 000 € de chiffre d'affaires. Ça part en Belgique, au Royaume-Uni, en Italie, aux États-Unis, au Canada, en Australie, à Hong Kong, Singapour...*
*(...)*
*j'ai ouvert le site et j'ai commencé par placer une vingtaine de boîtes à la maison de la presse du village.*
*(...)*
*J'ai déjà trouvé deux concept-stores sur Paris et je vends également à Cahors, à la boutique Propriété Privée Interiors, et à l'office de tourisme de Figeac.* » D'abord la maison de la presse du village. Comme c'est mignon, des boîtes d'air à côté des bouquins de chez Lagardère, c'est complémentaire suis-je tenté de rimer, et sûrement Privat, ça va de soit (je n'en sais rien, je n'entre plus dans les maisons de la presse ni librairies ou termes proches). L'office de tourisme de Figeac, le pays de Martin Malvy, c'est sûrement

leur rôle de vendre l'air de Montcuq... 60 % de marge... 2000 boîtes avec 15 000 euros de chiffre d'affaires puis 3000 boîtes avec 9 000 euros de chiffre d'affaires... Comme c'est drôle... Mais le plus drôle c'est bien 2000 ou 3000 boîtes... Ce livre ne se vendra pas à 2000 exemplaires...

La merde d'ailleurs... en janvier 2014, durant une trentaine d'heures à Paris, la merde de la capitale... avec même une dose d'artistique...

## Continuer d'écrire...

Même dans cette époque où comme avant les grandes crises l'oligarchie a confisqué l'économie, où par lâcheté et facilité de nombreuses victimes préfèrent appuyer sur les têtes insoumises plutôt que d'aggraver leur situation (mes salutations aux bibliothécaires qui se reconnaîtront, avec leur discours préfabriqués, achats chez les libraires...), continuer d'écrire...

Hier, sûrement le premier couplet et le refrain d'une chanson demandée par Dragan (CD *Vivre Autrement*, en vente libre mais invisible)

Tu voudrais les clés
Celles qui permettent d'entrer partout
On t'a dit que la vérité fallait bien la chercher
Mais les portes sont fermées
Parce que tu me vois toujours debout
Tu crois que j'ai un passe-partout
J'ai dans la tête les mots qui rendent fous
Ceux qui rendent jaloux
Transforment un homme en loup
Il suffit de parler pour déclencher toutes les haines
Pourtant avec les mêmes mots on se dira que l'on s'aime
Le matin l'amour mais le soir la haine
Tu sais pas toujours pourquoi tu rejoins l'autre extrême
Rien n'est jamais vraiment acquis
Comme des volcans assagis
Des femmes et des hommes vivent ici
Peuvent s'entretuer après s'être souris

Écoute cette prière
La paix sur la terre
C'est celle de ta mère
Elle implore même les airs
Pour la paix sur la terre
Mais les fils les filles
Relancent la guerre

## Le roman de la révolution numérique

« *Suis-je capable d'écrire le livre de la Révolution numérique ? Le témoignage, l'analyse, qui passera au-dessus des têtes des installés pour toucher le grand public ?...* »

**Extrait du roman**
*« Le roman de la révolution numérique »*
(sous-titré "*Hors Goncourt 2013*"),
publié le 18 juin 2013
et disponible sur cette même plateforme.

Roman également publié sous le titre
**"*Un Amour béton*"**

Ce roman perpétue mon engagement d'indépendance et comme les précédents n'a pas bénéficié du soutien des grands médias. Comme le déclara Alain Beuve-Méry, le petit-fils du fondateur du *Monde* où il couvre l'édition. « *Tout dépend de la maison d'édition dans laquelle vous êtes édité, et du travail fait en amont par les attachés de presse auprès des journalistes et des jurés littéraires.* » Dans ce même quotidien influent, Baptiste-Marrey écrivait « *les grands groupes publient, distribuent, vendent et font commenter favorablement les titres qu'ils produisent.* »

## —> Présentation

Vie, gloire et disparition d'un OVNI de la littérature française, Kader Terns.
Il faut l'oser, le terme "littérature", dans son cas. Mais il fut tellement employé ! Littérature numérique, postmoderne, brute, d'après le roman, de banlieue, de tablettes, décomposée, rappée, bloguée, néo-impressionniste, irrésumable, dans toute sa cruauté...

Après son "incroyable succès", le petit caïd du 9-3 était descendu dans le Lot pour m'y rencontrer. Je devais rédiger ses mémoires, statut peu glorieux du nègre. Il faut bien bouffer ! Surtout quand on vit avec une femme qui se croit obligée d'envoyer cinq cents euros par mois à Djibouti. "*Comment je avoir été meilleure vente Amazon Kindle*", il tenait absolument à ce titre.

Ni lui ni moi, lors de cet entretien banal et bâclé, n'aurions pu imaginer que nos vieilles pierres, nos sentiers et notre calme s'incrustaient en lui au point qu'il revienne y restaurer une ruine. Nadège, il l'avait piégée, elle l'a suivi...

Kader et Nadège, Amina et moi : le bonheur à la campagne... Il n'en fut rien !...

Je n'ai rien d'un enquêteur et c'est uniquement par sentiment de vengeance (peu honorable, oui, d'accord...) si j'ai cherché une sombre histoire derrière un stupide accident.

Nadège et le fils de Carlo ont avoué. Quand débutera le "grand procès", les médias se jetteront sur l'affaire, qu'ils ignorent totalement. Pauvre Kader, déjà oublié, forcément remplacé. « *Il a suscité de nombreuses vocations...* »

C'est tellement inattendu, insoupçonnable. Pas une fuite, même dans leur *Dépêche du Midi*. Eu égard à mon décisif apport, l'inspecteur se croit tenu de m'informer, naturellement en off. Peut-être uniquement car sa résidence secondaire n'est qu'à douze kilomètres. Si je laissais tranquillement faire, j'aurais sûrement droit à une légion d'honneur, avec au moins Christiane Taubira à Montcuq, peut-être même François Hollande. L'état, même socialiste, a besoin de héros ! Surtout dans le sud-ouest ! Ils sont tous tellement impressionnés par mon sens de la justice... je n'allais quand même pas leur raconter comment Carlo a bousillé mes dernières illusions d'Amour en 2010...

Machine judiciaire et univers médiatique m'en voudront sûrement de les devancer, en balançant les clés qu'ils auraient pris tellement de plaisir à dévoiler au compte-gouttes. Je suis écrivain. Qui plus est j'ai besoin d'écrire, après deux années de blocages, en lecture comme écriture. J'ai besoin de publier, faute d'une bourse d'écriture de la région. À chacun son boulot, son exutoire, son combat. Je suis sûrement plus doué pour raconter ma vie que pour la vivre... Un Amour béton... Lequel ? Amina et moi ? Nadège et Kader ? Dix-neuf jours Nadège et moi avons également pensé posséder la formule magique...

Enfin, c'est ce que j'ai cru, à un moment, encore récemment, quand ce récit était quasiment achevé. Mais tout va si vite, parfois.

Il faudrait tout raturer ? Tout réécrire à chaque fois que la vie rééclaire le passé ? Comme les autres, je me suis laissé emporter…

### Avec dans les rôles principaux...

Kader Terns, a signé "*la vraie vie dans le 9-3*", best-seller numérique.
Nadège, sa compagne.
Stéphane Ternoise, peut-être le romancier.
Amina, sa compagne.

Marcel Hanin, vieux voisin.
L'inspecteur Delattre.
Sabine, mère de Nadège.
Le notaire.
Jan Jongbloed, artisan local.

Pablo, ex de Nadège.
Carlo, père de Pablo.
Anaïs, "correctrice" de "*la vraie vie dans le 9-3.*"
Kagera, meilleure amie d'Amina.
Bertrand, ex mari d'Amina.

Adam, frère aîné disparu de Kader.

# Le roman...

## I - Kader

### I-A

Personne ne l'a contredit, Kader Terns, le premier "auteur" français ayant annoncé "*j'ai vendu 10 000 ebooks sur Amazon.fr*". Un petit caïd du 9-3, entré dans le jeu sans le moindre souci littéraire, juste par défi, et finalement "nous" passant devant, nous qui avions tant espéré et rêvé quand le géant américain ouvrit enfin sa boutique numérique, commercialisa son Kindle dans l'hexagone. L'espoir d'une révolution numérique.

- T'es louf, j'aurais balancé au marabout qui m'aurait prédit que littérature et bétonnière allaient rentrer dans ma vie ! Je ne lui aurais même pas offert une bière !

Tout ça pour Nadège, finalement. Cherchez la femme derrière la vie des hommes... Sauf chez les homos, ça va de soit... aurait sûrement ajouté Brassens… et encore !, aurait-il peut-être précisé… Plus tristement : la femme n'est parfois qu'un objet de standing…

- La littérature, c'est comme la délinquance : faut savoir s'organiser. Un vrai chef, des potes dévoués, et chacun suit le plan. Les initiatives qui s'excusent ensuite d'un timide "*je croyais bien faire*", tout le monde doit s'être bien enfoncé dans la tête, qu'il n'aura pas l'occasion de recommencer, l'écervelé coupable d'une malencontreuse bévue...

De son "autobiographie", Kader en a simplement connu ces trois phrases. Insatisfaction totale, presque jusqu'à la rupture de contrat ! - Nadège me l'a lu, le début, de ton truc. Je lui ai dit "*arrête, donne-moi ça, il faut que je lui en cause.*" J'ai des doutes, mec. C'est trop différent de "*la vraie vie dans le 9-3.*" Anaïs avait su revoir mon texte sans le déformer, comme elle disait. Elle m'avait également lu son premier paragraphe, et tout de suite j'ai su que c'était bon "*O.K., nickel, c'est exactement ça*". J'avais pas eu besoin de perdre des heures avec le reste. Mais toi, tu déformes tout, ça se voit tout de suite. Tu veux faire ton écrivain ! Tu comprends, merde ? C'est fini, votre littérature de papier, les gens veulent que ça clashe.

Encore aujourd'hui, je reste bien incapable d'expliquer ce qu'il entendait par une littérature qui clashe. Mais il adorait cette expression « que ça clashe » ! Je lui avais déjà demandé le rapport avec "Clash" mais il n'avait jamais entendu parler de ce groupe.

« - Que ça clashe, tout le monde comprend !

- Un clash, oui. Mais la littérature qui clashe ?

- Tu comprendras quand tu auras vraiment commencé à écrire !

- J'aime bien comprendre les choses que j'écris.

- Chacun comprend à sa façon un livre, c'est Anaïs qui le disait, donc c'est vrai ! T'es pas d'accord ?

- Naturellement, mais l'auteur doit également maîtriser son style, surtout quand il est au service d'une star.

- T'inquiète pas mec, si ça clashe pas, je m'en apercevrai tout de suite. »

Inutile de revenir sur la définition du terme. Peut-être du "moderne", pompeusement appelé « pulp » par d'autres, sans exigence d'avoir lu Charles Bukowski, encore moins Céline…

J'étais là, devant lui, sans la moindre idée traduisible en mots. Même avec le recul, aucune réponse adaptée ne me vient. Face à mon silence, sûrement considéré comme celui d'un lieutenant fautif, il a sorti de la pochette droite de son bleu de travail une feuille blanche pliée en huit, l'a tranquillement posée sur la table en teck, utilisant son coude droit pour l'aplanir... Puis débuta la lecture d'un mauvais élève de CM1 :

- "*La littérature, c'est comme la délinquance : faut savoir s'organiser. Un vrai chef, des potes dévoués, et chacun suit le plan.*" Jusque là OK, ça passe encore, c'est la réalité. J'aurais pas dû la laisser continuer. Car attend, "*les initiatives qui s'excusent ensuite d'un timide*", tu me vois, tu m'imagines, lors de l'adaptation au cinéma, sortir des âneries pareilles ? Et ton "*l'écervelé coupable d'une malencontreuse bévue*" ?

Je connaissais naturellement cet incipit : dans sa bouche "*écervelé*" et "*malencontreuse*" furent totalement incompréhensibles. Quelque part j'avais pitié, pour lui mais également pour la littérature, ces journalistes, blogueurs, chroniqueurs, twitteurs, facebookeurs qui s'étaient crus obligés de conseiller l'achat de "son" ebook, certes sans l'avoir lu, uniquement pour sa présence en tête des meilleures ventes, le plus souvent avec un lien d'affiliation et uniquement quelques mots modifiés par rapport à la présentation officielle copiée collée. Tout le monde veut sa part du gâteau ! Quelques centimes de commission ou un clic sur une pub google adsense. Je ne pouvais même pas me mettre en colère ni lui répondre. J'avais juste besoin du fric de cette prestation d'écriture. J'ai même pensé "s'il m'emmerde, je lui griffonnerai du charabia comme sa vie du 9-3 et basta !"

- Tu déformes, comme disait Anaïs, tu comprends ? Tu fais du truc de prof. Je suis certain que ça doit plaire à ton Amina-les-belles-phrases. Même son mioche elle veut qu'il cause comme un intello ! Il tiendrait pas huit jours dans un vrai bahut ! Je t'ai embauché pour que ça ait de la gueule, pas pour faire du Ternoise. C'est moi qui paye ! C'est mon nom qui sera à la une. Chez Amazon, ils m'attendent, je suis leur écrivain vedette. Je ne t'ai pas demandé une rédaction style Louis XVI, on est en 2012 !

C'est sûrement sa référence à ma compagne qui déclencha malgré tout une réponse. Ou son « *rédaction style Louis XVI.* » J'ai failli éclater de rire. Oui, sûrement est-ce pour retenir cette réaction spontanée, qu'il aurait mal interprétée, que des phrases anodines sont venues. Il était parfois tellement drôle sans le vouloir, en shaker mélangeant tout et n'importe quoi, sans se soucier de l'apparence ni du goût du charabia obtenu.
- Je te rassure : ça n'a rien à voir avec ce que t'écrirait Amina. Si tu veux, tu la prends à l'essai ! Elle a toujours prétendu qu'elle écrirait des livres mais il ne faut jamais la croire !
- Ça va de plus en plus mal entre vous ?
- La grande dérive !... Depuis que je sais ce qu'il s'est réellement passé à Addis-Abeba, finalement tout le reste fut dérisoire... Quand tu caches l'impardonnable puis que tu le maquilles, le jour où il est découvert, tu peux donner tout l'amour de la terre, on sait très bien que c'est uniquement pour te faire pardonner... Tu sais, Anaïs avait 15 ans. Et même si elle a réalisé un boulot remarquable pour une fille de cet âge, tu m'as demandé une autobiographie, quelque chose qui se lira vraiment, qui restera.
- Oh, après tout, je ne veux pas t'ajouter des problèmes

supplémentaires, tu sais ce que tu fais, sûrement, et j'en ai plus rien à foutre de ces conneries de livres.

Il souriait, observait l'effet de sa conclusion, en acteur qui surjoue toujours. Je me demande bien quel air il a pu me trouver. Je pensais à ma chère Amina, à Nadège, mes difficultés avec les femmes, cette succession d'échecs. Je voulais simplement abréger cette conversation, retraverser la forêt, attendre 14 heures. Qu'il me laisse écrire tranquillement son inutile récit ! Il enchaîna :

- Ce qui me botte, c'est retaper cet endroit et que Nadège me fasse le plus beau des gosses... Je l'aime, oui je comprends ce que ça veut dire, aimer quelqu'un, vouloir être heureux, et elle m'aime. Je me suis rangé. De tout (il sourirait). Enfin presque ! (Nadège m'avait confié sa livraison à Toulouse, ses cinq cents billets de cent euros de bénéfices). C'est bizarre, on se connaît depuis peu mais y'a qu'à toi que je peux me confier comme ça. Alors, place aux jeunes ! Pour moi, tu vois, j'ai trouvé ce que je cherchais dans la délinquance : le fric pour me payer ce petit coin de paradis au soleil, pour y vivre peinard avec une superbe nana. Je ne l'aurais jamais cru mais c'est ce silence que j'aime. J'ai l'impression que les oiseaux me parlent. J'ai gagné assez pour vivre tranquille jusqu'à la retraite. Je m'en fous de l'esbroufe, finalement, la Mercedes pour narguer les flics, les kalachnikovs dans les caves, ce genre de trucs, qui te font rêver quand tu as douze ans et que ton grand frère pour la première fois te laisse le suivre. Tout le monde devrait avoir cette ambition d'un coin tranquille pour y vivre sans se prendre la tête. Boire de bonnes bières, manger du foie gras et de la brioche, baiser et s'endormir sans soucis, qu'est-ce que c'est simple le bonheur.

Parfois il me surprenait ! Confucius réincarné après passage par la case truand ! Un mec sauvé par l'amour ? Mais je savais bien que tant qu'il le pourrait, il resterait un petit caïd fier de gagner en quelques heures ce que les "honnêtes gens" n'obtenaient même pas durant une année. Il avait un nom, une situation, dans "le milieu." Mais l'Amour, oui, peut, un instant, détourner même d'une voie sans issue. J'étais bien placé pour savoir qu'il s'illusionnait sur ce sujet... "comme on s'illusionne tous", pensais-je une énième fois. L'état réel de son couple me renvoyait à mes propres blessures, incohérences, ce séisme quand la sainte laissa entrevoir sa tunique de femelle sans scrupule sous ses habits de musulmane donc intègre, fidèle, douce et tout le baratin dont elle m'avait abreuvé, surtout par mail et skype il est vrai...

C'était un mardi, le 3 avril, 2012. Vers 10 heures. La bière vidée, j'ai retraversé la forêt. Il me reste en tête la drôle d'idée passée durant les dernières gorgées : « avec la baguette magique de ma grand-mère, la solution serait rapide ». Je me suis souvent demandé depuis, s'il me fallait revisiter ma vie avec une telle possibilité de tout arranger, s'il me faut tout bloquer, "oublier", assumer en le réécrivant, pour débuter un "nouveau livre", une autre vie, sans le poids du passé qui semble m'entraîner à revivre les "mêmes enthousiasmes", les "mêmes échecs", naturellement avec des apparences différentes au quotidien. Et je ne l'ai plus revu, Kader. J'allais écrire "je ne l'ai plus revu vivant." Mais puis-je vraiment considérer ce que j'ai vu le lendemain comme "un jeune homme mort" ?

## I-B

Je n'ai rien enregistré, je notais. Pas l'envie de devoir réécouter un tel baragouinage. Cinq minutes de son charabia, je les traduisais le plus souvent en quelques mots français sans « que ouais », « yeah », « tu vois », « tu m'suis »... Aujourd'hui, je suis bien incapable de retrouver la moindre de ses vraies explications, si on peut appeler ainsi des mots enfilés les uns derrière les autres, sans verbe, ou alors à la conjugaison incohérente. Il me rappelait Alphonse, de l'école communale mais lui était considéré handicapé, du langage. Mariage entre cousins. Tandis que Kader semble avoir été "le chef d'une bande redoutable", des mecs qui s'exprimaient tous ainsi. « Oui, c'est dramatique, et je ne voyais vraiment pas l'utilité de mon boulot dans un tel milieu ! Ils sont incapables d'une réelle discussion. Kader, c'est un as, par rapport à ses lieutenants comme il les appelle... Des hommes d'une force incroyable avec une expression qui oscille entre le CM1 et celle du truand des séries américaines. J'étais là pour leur réinsertion mais tout aurait été à reprendre depuis l'école maternelle... et pourtant ces mecs-là arnaquent des types avec bac plus cinq qui se traînent presque à leurs pieds pour en avoir de la bonne. Ils roulent dans des bolides comme les happy-few de Neuilly. Ça peut te sembler incroyable mais c'est également la France... je suis tombée là, dans cette cité, quand ma mère a dû vendre notre maison dont elle ne pouvait plus rembourser seule le prêt, après la disparition de son mari ; alors elle a acheté ce qu'elle pouvait… Vu de là-bas, c'était encore le coin des bourges, à deux pas des tours... » (Nadège)

À les écouter, l'impression de grands cayons s'incrustait dans ma tête… et pas seulement entre cette cité et le Quercy.

Un pays fragmenté, où le communautarisme conflictuel finirait par s'installer… J'en avais d'ailleurs les prémisses devant les yeux, dans ce canton de résidences secondaires où régulièrement des bandes venues s'y fondre discrètement étaient démantelées après des dizaines de cambriolages, le plus souvent, heureusement, mais pour combien de temps encore, chez les friqués.

Rentré, je me suis bizarrement assoupi dans le canapé et Nadège, vers 14 heures, m'y réveilla...

La suite de son "autobiographie", il n'en aurait pas plus aimé le style. À vrai dire, je ne l'appréciais pas non plus. Jamais je n'aurais pu créer un tel personnage. Ça m'embêtait cette limite du réel, cette nécessité de "rédiger." Je me faisais l'effet d'un journaliste, un simple interviewer, du genre entretiens de Martin Malvy avec Jean-Christophe Giesbert et Marc Teynier pour un livre inutile mais je l'espère pour eux correctement rémunéré. J'avais lu ce "document" quand le Président du Conseil Régional me fit répondre qu'effectivement je n'étais pas un écrivain pour le Centre Régional des Lettres. Deux euros et dix centimes sur Priceminister, ça ne valait pas plus ce « *Des racines, des combats et des rêves* » qui me servirait à argumenter sur la question de déontologie du grand homme quand il publia une nouvelle contribution chez un éditeur toulousain auquel le montant des aides versées par la région me reste inconnu. Certains interrogent Malvy d'autres Terns, et tout cela multiplie le nombre des livres inutiles au point que les lectrices et lecteurs sont incapables de remarquer tout texte digne de la postérité. Il semble bien exister une volonté de noyer dans la masse tout écrivain refusant de se soumettre au système dans lequel il peut être récompensé s'il accepte de montrer le bon exemple aux jeunes...

- Je ne vais pas vous barber avec des histoires du 9-3, l'essentiel est connu. Un jour j'ai bousculé ce que vous appelez la littérature française, et ça, depuis Céline, ça n'était pas arrivé. Même Michel

Houellebecq et Christine Angot, mes chers collègues, n'ont qu'ébranlé le mur du style. Je sais que le pourquoi et surtout le comment de ce truc, ça vous intéresse. Je ne reviendrai donc pas sur ma vie d'avant, sauf naturellement si elle peut vous permettre de mieux comprendre comment je suis passé devant Gallimard, Grasset, Flammarion et les plumitifs qui avaient préparé un plan bien carré pour gagner à cette grande loterie de la nouveauté numérique. Vous voyez, je connais même les noms de la concurrence, moi l'écrivain indépendant, le KPM, Kindle Publishing Man. J'adore, le KPM, Kader Publishing Magic, fan de NTM, sur la photo avec NKM, yeah !...

"*Même Michel Houellebecq et Christine Angot... n'ont qu'ébranlé le mur du style.*" J'avais souri en le traduisant ainsi. Parfois, ça m'amusait ce job, ça me semblait tellement irréel, ridicule, grotesque. Une remarque de Lucia Etxebarria dans "*Amour, prozac et autres curiosités*" me servait de viatique, de garde-fou : « *Maintenant, je suis serveuse. Au bar, je gagne plus que ce que je gagnais dans ce bureau, et j'ai les matinées pour moi, pour moi seule, et pour moi le temps libre vaut plus que le meilleur salaire du monde. Je ne regrette absolument pas ma décision, et jamais, au grand jamais, je ne retournerais travailler dans une multinationale. Plutôt devenir pute.* »
Si elle avait rédigé en français, aurait-elle utilisé « devenir » ou « faire » ? Marianne Millon, la traductrice, a considéré que dans notre belle langue il convient d'éviter au maximum les "faire" ? Mais "faire" n'est pas être pour de vrai. Le « devenir » de Lucia Etxebarria me semble plus proche de mon faire le nègre, faire la pute littéraire, un ménage.
À faire le nègre, on le devient ? On prend le style, la bassesse de la fonction ? On accepte ce rôle confortable, sans risque et correctement rémunéré ? À livrer une marchandise dont on ne sera pas responsable, est-on écrivain ? Celui qui met le doigt dans l'engrenage finira broyé par le système ? "Nègre une fois, pas deux" fut mon tantra de ces derniers jours d'attente du printemps.
Gagner trois ans de tranquillité en me laissant aller... finalement, dans mon échec, j'avais acquis une certaine notoriété pour qu'un tel plan me soit proposé. De la même manière que je tenais en vendant parfois 250 euros un lien sur blog-amour.net, à insérer

dans un article anodin où doit figurer "site de rencontres" en ancre. La même logique de totale déconnexion entre le travail réel et l'argent obtenu sévit également dans ma marginalité. Bosser deux ans sur un roman pour en vendre 92 exemplaires à 1 euro 99, soit même pas cent euros de recette auteur, ou passer à la caisse des prestations de ce genre… Je me souviens surtout d'une lourde fatigue, qui m'est tombée dessus en retraversant la forêt mais dans ma tête ce sujet tournait : encore un exemple au quotidien d'une logique mondiale ; nos petites vies reproduisent des schémas sociétaux, comme la tyrannie dans un couple rejoue celle d'une société ; chacun à son niveau expérimente des logiques mondiales, ayons le courage de l'admettre ; ce n'est pas nouveau : tandis que Van Gogh croyait en son génie, certains amassaient fortune et reconnaissance en commandes publiques et ventes médiatiques...

Amina souhaitait que je lui confie cet argent, promettant de l'utiliser pour embellir « *notre espace de vie.* » Elle considérait mon refus comme un « *manque de confiance.* » Un refus de plus, après celui de lui octroyer la moitié de la maison dans notre contrat de mariage. Je ne voulais pas devenir musulman, ne voulais pas lui donner une partie de cette modeste demeure pour qu'elle se sente vraiment chez elle, ne voulais pas la comprendre… Alors que le Bertrand, le bon blanc qui fut son mari, dont elle finit par vraiment divorcer début 2011, avait tout accepté ! Et pourtant, nous étions toujours ensemble…

## I-D

Ce jour-là, mon brouillon se limitait encore à des séries de déclarations, plus ou moins fumeuses, naturellement francisées, parfois des dialogues. Je prévoyais d'insérer des paragraphes d'explications...

## La charte de qualité de l'auteur indépendant

Il n'est même pas besoin d'exhiber quelques textes inutiles auto-édités pour dénigrer l'auto-édition, pratique accusée de mettre sur le marché les pires médiocrités agrémentées des fautes les plus élémentaires d'orthographe ou grammaire, parfois même avec un style d'élève en difficulté du CM1.

Il s'avère néanmoins sûrement exact que les livres vraiment auto-édités dans une démarche professionnelle (mon exclusion de "l'auto-édition réelle" des auteurs qui ne respectent pas un minimum la littérature a toujours dérangé les prétendues belles âmes du secteur pour qui « tout est littérature ») contiennent en moyenne plus de fautes que les livres des éditeurs "traditionnels".
Il ne s'agit pas forcément d'une question de qualité des auteurs mais de moyens. Même le passage par les correcteurs et correctrices professionnels ne permet pas de présenter des œuvres sans erreurs, qu'avant on appelait d'imprimerie. Mais depuis que l'imprimeur reprend un document PDF pour lancer l'impression, les éditeurs qui utilisent encore cet argument semblent miser sur la méconnaissance du grand public.
Monsieur Antoine Gallimard n'a pourtant pas de leçons de qualité à nous donner : la communauté des pirates du livre numérique s'était amusée à corriger l'ebook d'Alexi Jenni, *l'art français de la guerre*, prix Goncourt 2011. Après l'hypothèse de l'utilisation du document PDF imprimeur, mouliné par un logiciel de reconnaissance graphique pour fabriquer la version numérique, des lecteurs de la version papier ont informé le web que ces coquilles se trouvaient également dans leur épais bouquin.
La faculté de corriger rapidement sur l'ensemble du circuit de distribution un ebook constitue un avantage dont la portée ne semble guère avoir été analysée. Dans cette optique, j'ai décidé de récompenser les lectrices et lecteurs qui ne se contentent pas d'une moue de déception face aux erreurs mais les communiquent, en leur offrant un livre de leur choix du catalogue, trois formats disponibles (epub, pdf, amazon). Pas de papier offert ! Seule restriction, pour une question de taille des fichiers et vitesse de connexion à Internet d'un écrivain vivant à la campagne, ne pourront être envoyés que des ebooks dont la taille n'excédera pas

111

cinq mégas, ce qui exclut les livres de photos (sauf ceux dont le PDF reste juste en dessous de la limite possible).

Naturellement, il ne vous faut pas réclamer ce livre ni envoyer les fautes constatées (réelles ! et non les choix comme mettre au pluriel un terme habituellement invariable ou reprendre une lettre d'un personnage dont les fautes d'orthographe constituent justement une caractéristique, ou même une libre violation des temps conseillés de conjugaison !) sur la plateforme d'achat mais à la page contact de www.ecrivain.pro en spécifiant le livre de votre choix, qui vous sera envoyé par mail après vérification des informations transmises.

**Fautes réelles découvertes : un livre offert, l'engagement qualité de l'auto-édition.**

Cette offre s'étend à l'ensemble de mon catalogue.

## Le dossier de la Merde d'Artiste...

Piero Manzoni est désormais considéré comme un pionnier de l'art conceptuel.

Son expression fut brève : né le 13 juillet 1933 à Soncino (province de Crémone), il meut à Milan... le 6 février 1963. 29 ans, attaque cardiaque.

Son œuvre est désormais présentée comme une critique de la production de masse et de la société de consommation, cet ouragan économique qui transforma l'Italie après la Seconde Guerre mondiale.

Son nom reste lié à la "*Merde d'Artiste*", quand en 1961 il proposa 90 boîtes de conserve cylindriques en métal (4,8 × 6 cm), hermétiquement fermées... en affirmant qu'elles contenaient ses excréments.

Boîtes étiquetées, numérotées et signées...

En 2001, Hugues Peyret, a réalisé un documentaire de 52 minutes, "*Chacun sa merde*", où il s'intéresse aux propriétaires de ces 90 boîtes... Mais également "*La Boîte de merde*", un 27 minutes sur l'ouverture d'une boîte par Bernard Bazile.

Le "créateur", buzzeur, n'a pas fait fortune...

Le prix de ces boîtes devait fluctuer avec celui du cours de l'or : 30 grammes d'excréments pour de 30 grammes d'or.

Mais il en a "peu vendus", comme il vendit peu de ses autres œuvres... Il en a données à des amis, ou échangés avec d'autres artistes...

Après sa mort, leur côte a flambé ! Sous la baguette magique de marchands italiens, parisiens, américains...

Jusqu'à 3 000 grammes d'or...

La famille Manzoni en posséderait toujours cinq tandis que des collections d'art contemporain du monde entier les présentent...

Mais quelques-unes ont explosé... corrosion, pression du gaz. Des problèmes d'étanchéité, donc d'odeur, sont également signalés...

113

Selon des analyses effectuées sur une boîte ayant connu un problème, il s'agissait bien d'excréments... humains ou d'animaux.

Moralité ? Il conviendrait de sécher la merde ! L'utilisation de bocaux, style à confiture, pourrait être envisagée...

Nous en parlerons avec monsieur le maire si l'idée a l'heur de lui plaire plus qu'un salon du livre chez son illustre (localement) prédécesseur.
Nous ne saurons jamais si monsieur Daniel Maury, peu réceptif à l'idée d'un salon du livre, aurait approuvé un salon de la merde...

## Commercialiser la « merde de Montcuq » ?

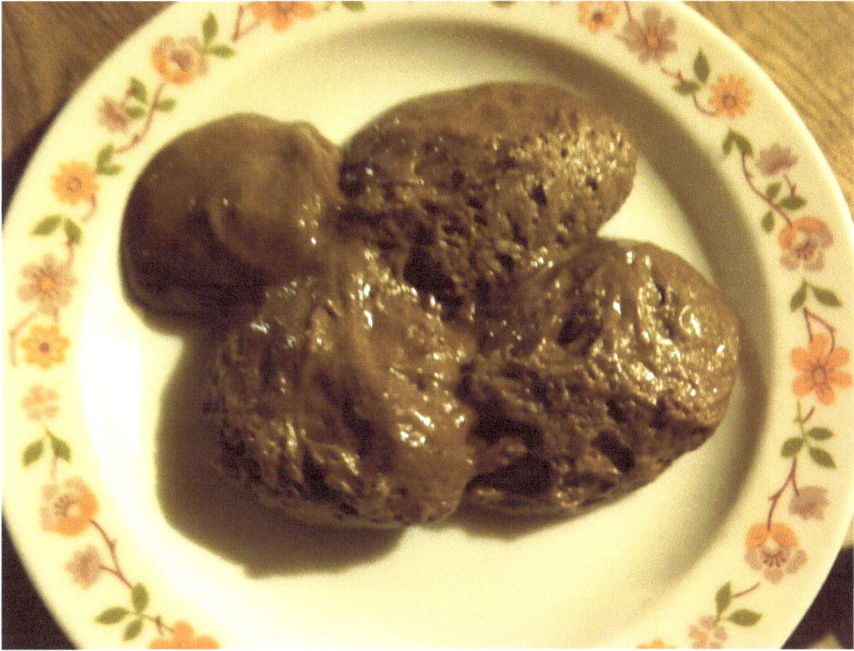

L'été, sur le marché dominical de Montcuq, vendre « la merde de Montcuq » ? Un livre acheté, une cuillère de merde offerte ? Mais je ne suis peut-être pas encore le bienvenu au marché, où un employé municipal a déjà montré ses gros bras pour exiger, en toute illégalité, le paiement d'un emplacement au jeune écrivain qui vendait dans la rue, après s'être déclaré en préfecture… Il ne connaissait pas la loi ! Comme le maire ! Ce fut l'occasion de ma première rencontre avec monsieur Daniel Maury, alors premier édile et plein d'autres choses… Il n'a jamais goûté de ma mousse au chocolat !

## Stéphane Ternoise

Stéphane Ternoise est né en 1968. Il publie depuis 1991. Il est depuis son premier livre éditeur indépendant.

Dès 2004, il a proposé des livres numériques, en PDF. Mais c'est en 2011 seulement que les ventes dématérialisées ont démarré. Son catalogue numérique (depuis mi 2011 distribué par Immateriel) a ainsi rapidement dépassé celui du papier, grâce à des essais, des livres de photos... tout en continuant la lente écriture dans les domaines du théâtre et du roman. Depuis octobre 2013, et son « identifiant fiscal aux États-Unis », son catalogue papier tend à rattraper celui en pixels.
http://www.livrepapier.com ou
http://www.livrepixels.com

Il convient donc de nouveau d'aborder l'auteur sous le biais de l'œuvre. Ainsi, pour vous y retrouver, http://www.ecrivain.pro essaye de fournir une vue globale. Et chaque domaine bénéficie de sites au nom approprié :
http://www.romancier.net
http://www.dramaturge.net
http://www.essayiste.net

http://www.lotois.fr

**Vous pouvez légitimement vous demander pourquoi un auteur avec un tel catalogue ne bénéficie d'aucune visibilité dans les médias traditionnels. L'écriture est une chose, se faire des amis utiles une autre !**

**Catalogue** (le plus souvent en papier et numérique, parfois uniquement les pixels, le travail de mise en page papier demandant plus de temps que d'heures disponibles)

*Romans :* ( http://www.romancier.net )
*Le Roman de la Révolution Numérique.*
*Ils ne sont pas intervenus (le livre des conséquences) également en version numérique sous le titre Peut-être un roman autobiographique*
*La Faute à Souchon ? également sous le titre Le roman du show-biz et de la sagesse (Même les dolmens se brisent)*
*Liberté, j'ignorais tant de Toi également sous le titre Libertés d'avant l'an 2000)*
*Viré, viré, viré, même viré du Rmi*
*Quand les familles sans toit sont entrées dans les maisons fermées*

*Théâtre :* ( http://www.theatre.wf )
*Théâtre peut-être complet*
*La baguette magique et les philosophes*
*Quatre ou cinq femmes attendent la star*
*Avant les élections présidentielles*
*Les secrets de maître Pierre, notaire de campagne*
*Deux sœurs et un contrôle fiscal*
*Ça magouille aux assurances*
*Pourquoi est-il venu ?*
*Amour, sud et chansons*
*Blaise Pascal serait webmaster*
*Aventures d'écrivains régionaux*
*Trois femmes et un amour*
*La fille aux 200 doudous et autres pièces de théâtre pour enfants*
*« Révélations » sur « les apparitions d'Astaffort » Brel / Cabrel (les secrets de la grotte Mariette)*
*Théâtre pour femmes*
*Pièces de théâtre pour 8 femmes*
*Photos :* ( http://www.france.wf )
*Montcuq, le village lotois*
*Cahors, des pierres et des hommes. Photos et commentaires*
*Limogne-en-Quercy Calvignac la route des dolmens et gariottes*
*Saint-Cirq-Lapopie, le plus beau village de France ?*
*Saillac village du Lot*
*Limogne-en-Quercy cinq monuments historiques cinq dolmens*
*Beauregard, Dolmens Gariottes Château de Marsa et autres merveilles lotoises*

*Villeneuve-sur-Lot, des monuments historiques, un salon du livre... - Photos, histoires et opinions*

*Henri Martin du musée Henri-Martin de Cahors - Avec visite de Labastide-du-Vert et Saint-Cirq-Lapopie sur les traces du peintre*

*L'église romane de Rouillac à Montcuq et sa voisine oubliée, à découvrir - Les fresques de Rouillac, Touffailles et Saint-Félix*

## Livres d'artiste ( http://www.quercy.pro )

Quercy : l'harmonie du hasard - Livre d'artiste 100% numérique

## Essais : ( http://www.essayiste.net )

*Le manifeste de l'auto-édition - Manifeste politico-littéraire pour la reconnaissance des écrivains indépendants et une saine concurrence entre les différentes formes d'édition*

*Écrivains, réveillez-vous ? - La loi 2012-287 du 1er mars 2012 et autres somnifères*

*Le livre numérique, fils de l'auto-édition*

*Aurélie Filippetti, Antoine Gallimard et les subventions contre l'auto-édition - Les coulisses de l'édition française révélées aux lectrices, lecteurs et jeunes écrivains*

*Réponses à monsieur Frédéric Beigbeder au sujet du Livre Numérique (Écrivains= moutons tondus ?)*

*Comment devenir écrivain ? Être écrivain ? (Écrire est-ce un vrai métier ? Une vocation ? Quelle formation ?...)*

*Amour - état du sentiment et perspectives*

*Le guide de l'auto-édition numérique en France*
 *(Publier et vendre des ebooks en autopublication)*

*Copie privée, droit de prêt en bibliothèque : vous payez, nous ne touchons pas un centime - Quand la France organise la marginalisation des écrivains indépendants*

## Chansons : ( http://www.parolier.info )

*Chansons trop éloignées des normes industrielles*

*Chansons vertes et autres textes engagés*

*Chansons d'avant l'an 2000*

*Parodies de chansons - De Renaud à Cabrel En passant par Cloclo et Jacques Brel*

## En chti : ( http://www.chti.es )

*Canchons et cafougnettes (Ternoise chti)*

*Elle tiote aux deux chints doudous (théâtre)*

*Politique :* ( http://www.commentaire.info )

*Ce François Hollande qui peut encore gagner le 6 mai 2012 ne le mérite pas (Un Parti Socialiste non réformé au pays du quinquennat déplorable de Nicolas Sarkozy)*

*Nicolas Sarkozy : sketchs et Parodies de chansons*

*Bernadette et Jacques Chirac vus du Lot - Chansons théâtre textes lotois*

*Affaire Ségolène Royal - Olivier Falorni Ce qu'il faut en retenir pour l'Histoire - Un écrivain engagé, un observateur indépendant*

*François Fillon, persuadé qu'il aurait battu François Hollande en 2012, qu'il le battra en 2017 (?)*

*Notre vie* ( http://www.morts.info )

*La trahison des morts : les concessions à perpétuité discrètement récupérées - Cahors, à l'ombre des remparts médiévaux, les vieux morts doivent laisser la place aux jeunes...*

*Cahors : Adèle et Marie Borie contre Jean-Marc Vayssouze-Faure - Appel à une mobilisation locale et nationale pour sauver les soeurs Borie...*

**Jeux de société** http://www.lejeudespistescyclables.com

*La France des pistes cyclables - Fabriquer un jeu de société pour enfants de 8 à 108 ans*

*Le bon chemin pour Saint-Jacques-de-Compostelle*

*Autres :*

*La disparition du père Noël et autres contes*

*J'écris aussi des sketchs*

*Vive les poules municipales... et les poulets municipaux - Réduire le volume des déchets alimentaires et manger des oeufs de qualité*

**Œuvres traduites :**

La fille aux 200 doudous :

- *The Teddy (Bear) Whisperer* (Kate-Marie Glover) - Das Mädchen mit den 200 Schmusetieren (Jeanne Meurtin)

- Le lion l'autruche et le renard :

- How the fox got his cunning (Kate-Marie Glover)

- Mertilou prépare l'été :

- The Blackbird's Secret (Kate-Marie Glover)

- *La fille aux 200 doudous et autres pièces de théâtre pour enfants (les 6 pièces)*

- La niña de los 200 peluches y otras obras de teatro para niños (María del Carmen Pulido Cortijo)

## Mentions légales

Tous droits de traduction, de reproduction, d'utilisation, d'interprétation et d'adaptation réservés pour tous pays, pour toutes planètes, pour tous univers.

Site officiel : http://www.ecrivain.pro

Présentation des livres essentiels :
http://www.utopie.pro

**Depuis octobre 2013, les livres de Stéphane Ternoise sont également (presque tous) disponibles en papier.**

**Livre papier : http://www.livrepapier.com**

**Livre pixels : http://www.livrepixels.com**

**Dépôt légal à la publication au format ebook.**

Imprimé par CreateSpace, An Amazon.com Company pour le compte de l'auteur-éditeur indépendant **livrepapier.com.**

ISBN 978-2-36541-517-0
EAN  9782365415170
*Vendre la merde de Montcuq, en boîtes* de Stéphane Ternoise
© Jean-Luc PETIT - BP 17 - 46800 Montcuq - France
28 janvier 2014